班 主 任 心 育 活 动 设 计 丛 书

BANZHUREN XINYU HUODONG SHEJI 36 LI

小学1~3年级卷

班主任心育活动设计36例

钟志农 主编

教育科学出版社
·北 京·

本书编委会

主 编

钟志农

副主编

郑雪琴　王　岚　屠小丽

编 委

王　英　王　静　王乙敏　王琴飞　支惠惠
卢　丹　田颖红　卢笑影　吕　娜　应亚青
吴望舒　林　娜　许雪峰　周燕屏　朱霞萍
乔　洁　孙　飒　孙作金　沈　静　苏海未
李慧梅　李晓庆　陆晓霞　金小英　周月平
周　婕　周美娟　徐雪萍　陈蒙盛　陈海燕
陈丽亚　徐跃英　姚　媛　邵梦霞　钟方来
胡燕萍　闻沈慧　邹伟红　张园梅　张连英
陈东秀　陈　英　诸文仙　顾笑琴　符亚文
翁鲁芦　屠小丽　崔　捷　薛　梅　游小央

目 录
CONTENTS

活动模块四 火眼金睛

推荐序

翻开这套《班主任心育活动设计丛书》中的一篇篇教案，读着钟志农老师精心设计的积极心理导向的心育活动主题架构，再回头来看他那篇文情并茂的自序，心里涌起许多感动。

我们知道，良好的心理素质是人的全面素质中的重要组成部分，心理健康教育是提高中小学生心理素质的教育，而健全的人格和正常的智力则是人们保持心理健康的基本条件。对于成长中的中小学生，尤其要注意通过能顺应学生成长“关键期”的心理训练，促进学生人格与智力两方面的积极发展，降低他们在发展过程中出现适应不良甚至是心理障碍的可能。因此，学校心理健康教育的主要任务，首先不是要解决“有没有心理疾病”的问题，而是要关注学生“发展是否正常”的问题，是要面向全体学生，通过开展系统的教育和辅导活动，促使他们的心理素质逐步得到提高。这样一个心理健康教育的总的指导思想，在这套丛书中得到了充分的体现。丛书针对小学1～3年级、小学4～6年级、初中、高中、中等职业学校不同阶段学生的年龄特点和发展需要，抓住了每个发展阶段中学生面临的主要发展任务，以班级心育活动课为载体，有计划、有重点地进行指导和训练，目标明确，思路清晰，架构完整，活动形式丰富多样，操作步骤具体翔实。相信这套系统、科学、实用的设计方案定将受到一线班主任和心理教师的热烈欢迎，对深入持久地开展中小学心理健康教育起到积极的推动作用。这是我想表达的第一个想法。

第二个想法，学校心理健康教育的基本导向应该是积极的。这几十年，我们国家的变化举世瞩目。而经济的发展、社会的发展，归根到底是为了人的发展。“提升国民幸福感”，已经成为国民经济“十二五”规划的核心目标之一，得到社会和各级政府的高度认可与关注。中小学心理健康教育同样要围绕这个核心目标，为提升下一代公民的幸福感服务，促使我们的孩子具有积极的自我意识，良好的社交能力，稳定的情绪心态，有效的自我控制能力，并对外界环境的刺激或压力有一定的耐受力及康复能力。近年来的心理学研究证明，通过对个体的“心理资本”进行干预与调整，将会直接影响个体主观幸福感、工作学习绩效和生活满意度。我高兴地看到，钟志农老师主编的这套《班主任心育活动设计丛书》，自始至终地贯彻了积极心理学的理念和导向，从健全人格和发展智力这两个层面上，引导学生在不同的成长阶段，努力学会不同内涵的“我能”，从认知、情感和行为三个维度，层层推进和积累学生的“心理资本”，这是应用心理学对建设和谐社会、建设幸福中国作出直接回应的一次有益的尝试。

钟志农老师曾长期在学校担任一线教师和班主任，后来又在校长、教育行政及教育科研部门任上历练数十载，其间从事心理健康教育研究与实践近二十年，既具备比较扎实的心理学理论功底，又拥有丰富的教育教学实践经验，而且至今仍深入学校心理辅导第一线耕耘不辍，是我国中小学心理健康教育领域难得的一位“复合型”专家。2007年他的著作《心理辅导活动课操作实务》出版后，即被各地教育行政部门和师范院校列为班级团体辅导师资培训教材。而此次他联合各省市中小学一线教师，精心编写推出的这套系列活动设计，更是他和几百位作者花了很多心血取得的成果。钟老师对180篇教案逐字审阅、酌定，精心修订、补正，一次次与作者沟通交流，花费了数百个日日夜夜。这位为教育事业默默奉献了四十余载的研究者和实践者这么做的目的，只是为了实现那个不断追寻的朴素的梦想：为了我们的孩子心灵健康成长，为了我们的教育回归到从“心”出发的本真！

我相信，从事学校心理健康教育的老师们，只要愿意在一个岗位或者在一门学科踏踏实实地奋斗下去，无论才华如何都可以取得一定的成就，都可以为社会作出独特的贡献，都可以得到社会充分的认可。钟志农老师的足迹可谓一个例证。

是为序。

国际心理科学联合会副主席

中国心理学会原理事长

中国科学院心理研究所原所长、教授、博导

张　侃

2011年11月24日于北京

总　序

追逐心中的梦

在我的心里，一直有一个梦。

其实，人生就是与梦相伴的。在我童年的时候，梦是带色彩的，五光十色，光怪陆离。二十几岁时，常是灰黄色的梦：灰黄色的土地，灰黄色的天空，天地间则是铺天盖地的黄尘，还有巴彦淖尔连绵不绝的沙丘……

到了五十几岁，我还是在做梦、寻梦。1993 年，当时我根本不知自己人生航船的“定锚点”在何处。一个偶然的机会，我对“小荷才露尖尖角”的学校心理辅导产生了浓厚的兴趣，于是，我日间忙天忙地忙教研，晚上就开始编织自己的人生梦。经过一番“沙里淘金”，我为自己确定的第一个“定锚点”就是“初中生心理辅导目标体系的研究”，没想到，从此一发而不可收，踏上了一条漫长的寻梦之路。

后来的一切都是“做梦也没想到”：做梦也没想到，1999 年，教育部颁布了《关于加强中小学心理健康教育的若干意见》，心理健康教育从此成了稳定的国家行为；做梦也没想到，有那么多的新生力量加入了心理健康教育专兼职教师的队伍；做梦也没想到，心育活动课从当初国内寥寥数人的自发探索，发展成开遍全国的心育之花；做梦也没想到，从教育部“若干意见”和“指导纲要”两个重要文件颁布后，整整十年过去了，却没能盼来一个系统的心育活动课的“课程大纲”……

于是，一线的心理老师们开始迷茫了、困惑了，大家只好凭着各自的理解，去思考何为“发展性、预防性的心理辅导”，何为“青少年成长的轨迹”。于是，心育活动课的随意性出现了，老师们只好自己熟悉什么内容就上什么内容，自己知道什么素材就使用什么素材，而学生成长中面临的一些困惑和需要却被严重地淡化或者是忽略了。于是，心育课堂里的单调、重复现象出现了：老太太的两个儿子卖草帽、雨伞，从小学卖到高中还没有卖完；处理消极情绪的办法从小学到高中都是“发泄、倾诉、睡觉、打球”，而且不管年龄大小统统开讲“A－B－C”理论；不管是否真的需要，课堂上动不动就让学生闭上眼睛“冥想”放松……于是，老师们日渐感到备课资源匮乏，上课题材千篇一律，职业倦怠情绪慢慢滋生。

于是，这件事情让我辗转反侧了。

我做梦都在想，总有一天，我们的国家，我们的政府，能够出台一套从小学到高中一以贯之的心育活动课“课程标准”，那样，老师们的心中就可以有一幅清晰的学生成长“路线图”，就一定可以在开课方向和选题上有效地避免一再的“黑暗中的摸索与徘徊”！

我做梦都在想，总有一天，我们的教育能够真正做到“以心为本”，把引导学生“学会做人、学会学习”放在第一位，而不是从早到晚“拴”住学生，让他们陷入无穷无尽的作业、考试、竞赛和补课中。那样，我们的教育就一定可以有效地提高下一代的心理素质和道德素养，我们中国人走出国门时就一定能够赢得世人由衷的尊敬，真正扬眉吐气！

我做梦都在想，总有一天，我们的家长、我们的老师、我们的领导干部，能够冲破那一团团扭曲孩子天性、扭曲教育本质、扭曲社会价值导向的障眼迷雾，让我们的家庭充满不再功利的亲情，让我们的学校回归不再功利的本真，让我们的社会不再充斥功利的迷思！

我做梦都在想，总有一天，我们的孩子，那千千万万可爱的孩子们，能够不用背负沉重的书包，能够不用终日埋头桌前林立的书山题海，能够不被父母们那用心良苦却收效甚微的唠叨声所淹没。到了那时，他们将更加自由地畅游书海，更加给力地龙腾虎跃，更加勇敢地塑造真我。到那时，他们一定会拥有真正欢乐的童年，一定会拥有真正灿烂的青春，一定会拥有阳光万里的前程！

怀着这样的梦想，去年10月，在北京的一次会议上，我向与会的领导率直进言：“一线的老师们盼望心育活动课的大纲早日出台，我们等了一个‘十五’，又等了一个‘十一五’。现在，十年时间已经过去了，而老师们的教育生涯中能有几个十年?”

在激情的涌动中，我突然萌发了一个大胆的想法：在官方的权威方案颁布之前，为什么不可以先从民间做起?

事实上，我从去年4月份开始，就在酝酿一个发展性心育活动课的“六六工程”，并且已经在两所中学、两所小学里加以实践与探索。所谓“六六工程”，就是指每个学期开出6节心育活动课，每个学段6个学期，共开出36节课，形成一个有系列、有规划的发展性、预防性心育课程体系。这些心育主题完全针对学生的发展需要，从小学到高中，共设计144个专题，再加上中等职业学校的“六六工程”，总共有180个系列性的开课主题，而且力求避免重复。

回头想来，这真是一个宏大的“工程”！在这个过程中，如何建立一个符合本土国情的发展性心育活动课主题架构，是最为劳神费时的，可以说让我到了“殚思竭虑”、“如痴如醉”的地步。尤其是这180个主题中，有100个以上的主题都是新的切入口、新的视角、新的立意，是以往十多年间心育活动课中没有被认真关注、或者只是被粗线条关注的主题。单单是这一点，就表明我们是在开辟一条充满荆棘的“心”路。

参与这套丛书教案设计的290多位老师，90%以上是一线的班主任。尽管他们对于心育活动课经验不足，但他们对学生现状的了解，他们对探索“以心为本”教育路径的热情，与这套丛书的读者群——中小学班主任却肯定是息息相关、脉脉相通的。

说到“心育活动课”，就是“心理健康教育活动课”的简称。“心育”的概念是班华教授和燕国材教授在20世纪90年代中期最早提出来的。如燕国材就说：“心育即心理教育的简称。亦可称为心理素质教育，甚至可称为心理健康教育。”① 所以，书名和正文内数百处相同概念我均表述为“心育活动课”，以求简洁。

为了帮助班主任尽快地把握心育活动课的设计规律，我们以团体辅导活动的四个阶段（团体热身阶段—团体转换阶段—团体工作阶段—团体结

① 燕国材. 教育十论——我对教育问题的一些基本看法［M］. 北京：中国建材工业出版社，1998：360.

束阶段）作为基本体例，这样等于给初涉心育活动课的班主任递上了一根“拐杖”。关于这四个阶段的操作性含义，请读者参阅丛书的理论分册《探寻学生心灵成长“路线图”——中小学心育活动课程开发指南》，这里就不再赘述了。但是要强调的是，这四个阶段的体例设计是帮助初学者“入门”的，不可将其理解为一种僵死的“套路”。换句话说，“入格”是为了“合格”，“合格”是为了“出格”。

在每一个活动专题的开头，我们都提供了“活动参考目标”，这些目标的操作性定义请见丛书的理论分册；中间是“活动参考课例”，以备班主任借鉴之需；最后是“活动参考资料”，目的是拓宽班主任在这一专题上的理论视野或提供某些活动素材。

这个世界上有很多的事情，我们总以为可以慢慢来，今天做不了，可以等到明天去做。反正明天的太阳还会升起，反正事情既然这样一天一天拖过来，也就可以这样一天一天拖下去。但是也许有些人会突然发现，有那么一天，在你一松手、一转身的时候，事情突然会完全改变了。

所以，追逐我们心中的梦想，恐怕“一万年太久，只争朝夕”！

只是我不知道，梦境与现实，到底哪一样能够令人更为满意？但不管是“痴人说梦”也好，“梦想成真”也好，我是一个“追梦人”。用当下时髦的话说，我算得上是一个追梦追到“骨灰级”的心理健康教育的“发烧友”。

可我相信，怀抱梦想、追逐梦想而百折不回的同道，一定有千千万万！那就让我们互相呼唤着，鼓励着，从脚下的土地上开始，朝着我们的梦想，一起奔跑吧！

钟志农

2011 年 11 月 15 日于钱塘江畔

小学1~3年级心育活动课主题设计架构

——引导小学1~3年级学生学会36个“我能”

<table>
<tr><th>心育总目标</th><th>埃里克森人格发展关键期</th><th>活动模块及阶段目标</th><th>活动专题</th><th>积极心理品质发展重点</th><th>适用年级</th></tr>
<tr><td rowspan="24">1. 提高全体学生的心理素质
2. 充分开发学生的潜能
3. 培养学生乐观、向上的心理品质</td><td rowspan="24">培养勤奋进取精神的关键时期
发展顺利则个体具有求学、处世、待人的基本能力</td><td rowspan="6">活动模块一　我上学了
阶段目标：培养小学1~3年级学生良好的学习习惯与行为习惯，提高入学适应性</td><td>我能“喜欢新学校”</td><td>爱校</td><td rowspan="6">小学一年级，以一年级（上）学期为主</td></tr>
<tr><td>我能“亲近新老师”</td><td>亲师</td></tr>
<tr><td>我能“上课守纪律”</td><td>遵纪</td></tr>
<tr><td>我能“排队守规则”</td><td>守规</td></tr>
<tr><td>我能“倾听不插嘴”</td><td>倾听</td></tr>
<tr><td>我能“整理小书包”</td><td>自理</td></tr>
<tr><td rowspan="6">活动模块二　培养习惯
阶段目标：继续培养小学1~3年级学生良好的学习习惯与行为习惯，让学生进一步适应学校生活</td><td>我能“作业写得快”</td><td>勤学</td><td rowspan="6">小学一、二年级，以一年级（下）学期为主</td></tr>
<tr><td>我能“分清‘借’和‘拿’”</td><td>知耻</td></tr>
<tr><td>我能“出口不伤人”</td><td>和悦</td></tr>
<tr><td>我能“如厕讲公德”</td><td>良心</td></tr>
<tr><td>我能“对人多赞扬”</td><td>赏识</td></tr>
<tr><td>我能“告别‘小太阳’”</td><td>克己</td></tr>
<tr><td rowspan="6">活动模块三　全神贯注
阶段目标：训练和发展小学1~3年级学生的注意力，提高他们的注意力品质</td><td>我能“不看窗外事”</td><td>注意选择性</td><td rowspan="6">小学一、二年级，以二年级（上）学期为主</td></tr>
<tr><td>我能“坚持不分心”</td><td>注意稳定性</td></tr>
<tr><td>我能“做事有主次”</td><td>注意计划性</td></tr>
<tr><td>我能“捡三不落四”</td><td>注意分配性</td></tr>
<tr><td>我能“转向新目标”</td><td>注意转移性</td></tr>
<tr><td>我能“作业更细心”</td><td>注意策略性</td></tr>
<tr><td rowspan="6">活动模块四　火眼金睛
阶段目标：训练和发展小学1~3年级学生的观察力，提高他们的观察力品质</td><td>我能“观察有目的”</td><td>观察目的性</td><td rowspan="6">小学一、二、三年级，以二年级（下）学期为主</td></tr>
<tr><td>我能“观察有重点”</td><td>观察选择性</td></tr>
<tr><td>我能“观察有顺序”</td><td>观察条理性</td></tr>
<tr><td>我能“观察很仔细”</td><td>观察准确性</td></tr>
<tr><td>我能“观察更持久”</td><td>观察持久性</td></tr>
<tr><td>我能“观察更全面”</td><td>观察全面性</td></tr>
</table>

（续表）

心育总目标	埃里克森人格发展关键期	活动模块及阶段目标	活动专题	积极心理品质发展重点	适用年级
4. 促进学生人格的健全发展		活动模块五 爱心天使 阶段目标：提高小学1～3年级学生人际交往能力和人际交往技巧	我能“爱护弱与小”	仁爱	小学二、三年级，以三年级（上）学期为主
			我能“互助与分享”	互惠	
			我能“合作你我他”	合作	
			我能“听劝不任性”	从善	
			我能“换位来思考”	同理	
			我能“化解小矛盾”	沟通	
		活动模块六 放飞想象 阶段目标：训练和发展小学1～3年级学生的想象力，提高他们的想象力品质	我能“想象多丰富”	想象丰富性	小学二、三年级，以三年级（下）学期为主
			我能“想象添翅膀”	想象生动性	
			我能“比喻又联想”	想象关联性	
			我能“边读边想象”	想象目的性	
			我能“想象真奇妙”	想象新颖性	
			我能“力求不空想”	想象现实性	

说明：一般说来，每个学期大致安排8节心育活动课，其中，6节可在上述主题总体设计架构内选择，2节为校本心育活动课，由班主任或心理教师根据本地、本校实际情况（例如城乡区别、地域区别、学校类型区别、生源区别，等等）设计主题。

活动模块一

我上学了

阶段目标：

培养小学1～3年级学生良好的学习习惯与行为习惯，提高入学适应性。

适用年级：

小学一年级，以一年级（上）学期为主。

活动专题 1

我能“喜欢新学校”（爱校）

【活动参考目标】

1. 了解与理解

（1）了解小学的学习生活与幼儿园生活是不同的。

（2）懂得幼儿园生活已经结束了，小学的学习生活开始了。

2. 尝试与学会

（1）尝试和同学们一起回忆并告别过去幼儿园的美好生活。

（2）尝试了解新的学校各个方面的环境和特色。

（3）尝试设想自己在新学校里打算怎样做一个好学生。

3. 体验与感悟

（1）释放自己留恋幼儿园生活的情绪，通过告别仪式感悟“我长大了”。

（2）体验自己进入小学后角色的变化，感受做一个“小学生”的喜悦。

【活动参考课例】

我的学校是新家

——我能“喜欢新学校”

活动理念

一年级的孩子，刚刚告别他们熟悉的幼儿园，来到完全陌生的新环境。对于全新的小学生活，孩子们在充满好奇的同时，也会产生恐惧感。当新鲜感消退后，孩子对幼儿园生活的怀念情绪就会越来越强烈，性格相对内向的孩子，更是会产生孤独、无所适从感。针对以上情况，设计了本课，它适用于小学一年级新生。

活动准备

搜集学生、老师、校园的各种照片；学生制作新朋友名片；设计“成长手迹”展示板；准备好多媒体课件；将学生按小组安排好座位。

活动过程

一、团体热身阶段：忆一忆，回味在幼儿园时的快乐

1. 出示幼儿园的图片

孩子们，老师知道一个好地方，那儿不仅漂亮，还总能听到欢快的笑声，想去看看吗？（出示图片）你们知道这是哪儿吗？

2. 看看那时的我

幼儿园是我们每个人都很熟悉的地方，在那里有数不清的可爱笑脸，让我们一起来欣赏一下吧！（出示个别学生幼儿园时的照片）

3. 说说幼儿园的生活

刚才我们看到了一些同学在幼儿园时的样子。在幼儿园里，我们度过了三年快乐的时光，谁还愿意说说你快乐的幼儿园生活？（学生个别交流，有照片的可以结合照片展示）

二、团体转换阶段：看一看，找到小学里的惊喜

1. 配乐欣赏学校图片，展示学校丰富多彩的生活

幼儿园真好，幼儿园的生活多快乐啊！那里是我们每个人的快乐老家，不过，现在我们又有了一个新家，欢迎你们成为我们新家的一分子。

（播放图片，同时教师声情并茂地介绍学校及学校生活）

2. 抢答游戏：“我知道”

你喜欢这个新家吗？光喜欢可不够，我们来比一比，做个抢答游戏。游戏的名字就叫“我知道”，看看哪个小组的同学，对我们这个新家了解得最多。

（1）出示学校的某个场地的照片，让学生说一说这是什么地方，在那儿能干什么。

（2）出示教室的某处布置的照片，让学生说说它有什么作用。

（3）出示任课老师的照片，让学生说一说老师叫什么，教什么。

（4）出示个别学生的照片，让其他学生说一说这位同学的名字、爱好或特点等。

3. 发张新朋友名片

看来大家对我们这个新家挺熟悉，家里的成员也知道了不少，可是你别忘了，你也是我们家庭里重要的一分子，你也要想办法让别人更了解你。

（1）个别学生发名片。

之前我们每个人都给自己设计了一张新朋友名片，谁愿意第一个给出属于你的名片，交一个新朋友？（请学生上台，展示自己的名片，并大声读出名片上的内容，现场把名片送给自己最想送的人，交一个新朋友）

（2）全班学生在《找朋友》的音乐中，将自己的名片发给身边的同学。

（3）老师现场采访拿到新朋友名片的学生的感受。

三、团体工作阶段：比一比，发现自己的成长

给出自己的名片，你很高兴，收到你的名片，别人也很快乐。以后我们就是相亲相爱的一家人了！

接下来，让我们发挥一家人集体的力量，来看看图，说说你的发现。

1. 幼儿园与小学比一比

（1）出示幼儿园课桌椅与小学课桌椅的对比图片。

说说你发现了哪些差别。

你更喜欢哪里的课桌？为什么？

（2）出示幼儿园玩具柜与小学图书柜的对比图片。

这两个柜子有什么不一样？

现在的你更喜欢哪个柜子？为什么？

2. 找找新家的特别之处

（1）小组讨论：新家和我们幼儿园老家比，还有哪些不一样呢？

其实，我们这个新家与我们幼儿园老家相比，不同的地方还有很多呢，细心的你发现了吗？和你身边的家人交流一下。

（2）小组汇报：每个小组派一名代表说说新家的特别之处，说得好的小

组教师给颁发“小主人”奖章。

3. 想一想，发现自己的成长

原来我们的新家与老家有那么多不同之处，那请你想一想，为什么我们的新家会有这些不一样的地方呢？

你们真聪明，自己发现了这个秘密。因为你们现在长大了，所以不管是我们新家的布置也好，新家安排的活动也好，都和幼儿园不一样了。在这个新家，你会学到更多的东西，有更多的收获。

四、团体结束阶段：画一画，布置我们的新家

在我们的新家，还有一个地方没来得及布置，那就是我们的“成长手迹”，今天我们就要一起来完成它。

1. 学生画手印、剪手印、贴手印

请同学们把自己的手印画在彩纸上，并在手心的地方写上你自己的名字，然后把你的手印剪下来，贴到我们的“成长手迹”展板上。（教师与学生一起做）

2. 师生合作安放“成长手迹”

瞧，我们的“成长手迹”多漂亮啊！上面有我们一家人五颜六色的手印，这可是属于我们的“手印全家福”哦，让我们把它挂起来吧！

3. 教师小结

有了“成长手迹”的新家，更温馨、更漂亮了，在以后的日子里，我们就要一起在新家度过 6 年快乐的小学生活，相信你会越来越爱我们的家！

座位安排

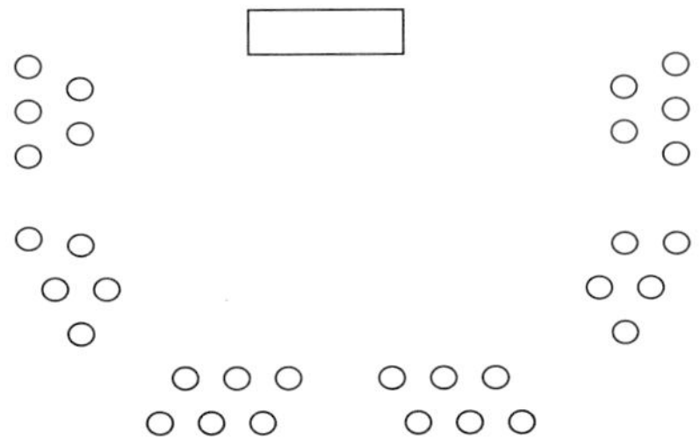

活动反思

活动一开始就引入学生无比怀念的幼儿园生活主题，看着熟悉的画面，学生都争先恐后地想把自己美好的幼儿园经历与大家分享，特别是那些出示照片的孩子，热情更是高涨。这样，学生便有了更多可以聊的共同话题，还可以和老师一起欣赏新学校，和同学一起抢着介绍新学校不同的地点。因为老师将学校比做了大家共同的新家，说起来就更有亲切感了。老师还让孩子们做一张属于自己的名片，让他们有了进入小学后成了“小大人”的感觉。之后还让学生来找找小学与幼儿园的不同点，学生自己会发现还是小学好，因为小学里的一切都说明自己长大了。孩子们总是希望快快长大，因此，他们对于小学所产生的恐惧感自然会消失，并更喜欢小学里的一切。最后老师和学生一起画手印、剪手印、贴手印，一幅“成长手迹”就是一张特别的“手印全家福”，学生对此感到很新鲜，也为自己亲手布置了教室而自豪，从而更喜欢这个新家！

（浙江省杭州市西湖小学教育集团西湖小学　顾笑晴）

【活动参考资料】

儿童入学适应问题

儿童刚从幼儿园步入小学，有一个逐步适应校园生活新环境的问题。因为一年级新生对教师和同学都感到陌生，再加上课程压力、作业负担和正规学校教育的组织纪律等对新入学儿童的心理适应能力构成了严峻挑战。为了帮助新入学儿童尽快适应校园生活，近年来已有不少教育工作者注意到幼儿园与小学的衔接问题，有的学校也积累了一些相关经验。但从总体上来看，小学新生入学适应问题仍是童年期心理卫生的一个薄弱环节，亟待加强和改进。

从学龄初期开始，学习渐渐成为儿童的主导活动。但这并不等于说，儿童从进入学校的那一天起，学习就自然而然地变成了他的基本活动，因为可能性和现实性之间总是有一定的距离。从学前时期以游戏为主导活动转变到学龄初期以学习为主导活动，这中间需有一个过渡，有一个从旧质向新质转化的过程。这个过渡或转化能否顺利实现，直接决定于儿童入学学习的准备情况。

［钟志农：《心理健康教育课教师指导手册（小学分册）》］

童话剧：开学第一天

又是新的一天，开始吃午饭了。小猪手里拿着面包，不停地哭：“妈妈，妈妈，快来陪我吃饭呀！呜呜……”小猪叫了好久，都不见妈妈来帮忙。转眼一看，自己不是在家里，而是在新学校。小猪的眼泪就像打开的水龙头一样，不管旁边的同学怎么劝都不听。这时，山羊老师来了，他就像妈妈一样陪着小猪。在山羊老师的陪伴下，小猪很快吃了起来。他吃了好多东西，吃得饱饱的，高高兴兴地拿着气球到教室里上课去了。

放学了，大家在操场上正玩得开心，突然，大家听到了呜呜的哭声，一看，原来是小猴子在哭。大家七嘴八舌地问：“小猴子，小猴子，你为什么哭呀？”一听到大家问，小猴子大声地哭了出来：“妈妈，妈妈，我不会做游戏，快来教教我！呜呜……”“不要哭了，小猴子，我来教教你。”“我来帮帮你”……在同学们的帮助下，“难题”很快就被解决了，小猴子也和同学们一起玩起了游戏，脸上露出了开心的笑容。

1. 分组讨论

小猪为什么哭呀？

又是谁让小猪变得开心了呢？

小猴子为什么哭了？

同学们是怎样帮助小猴子的？最后小猴子的表情怎么样呀？

2. 教师小结

小猴子、小猪，在老师、同学的关心和帮助下，忘了找妈妈，开心地吃饭、做游戏。同学们，你们在想念妈妈的时候，可以来找老师，也可以和同学们一起开心地做游戏。多与老师谈谈，多与同学玩玩，多讲讲笑话，这样就可以让自己开开心心的，脸上永远洋溢着美丽动人的笑容。

（浙江省磐安县尚湖镇中心小学　王琴飞）

活动专题2　我能“亲近新老师”（亲师）

【活动参考目标】

1. 了解与理解

（1）了解在成长的过程中要接触很多老师。

（2）了解老师与老师之间也是不同的。

2. 尝试与学会

（1）尝试进一步了解和接纳自己的新老师。

（2）尝试用大方、自然的态度和方式亲近新老师。

3. 体验与感悟

（1）分享自己在幼儿园时老师对自己的关爱。

（2）体验与小学新老师多次接触、相互了解后产生的安全感和信任感。

【活动参考课例】

老师和我在一起

——我能“亲近新老师”

活动理念

一年级孩子刚进入小学时，他们面对着一个新的环境，一批新的老师，有许多学生感觉陌生、失落和茫然不知所措。特别是离开了幼儿园，熟悉的老师远离自己了，和新老师的关系又要重新建立，这对一年级小孩子来说真的很不容易。本课是一次小学生人际交往和适应新环境的心育活动，让学生通过游戏、歌曲、儿歌等活动形式，增进师生之间的了解，促进师生之间的相互沟通，消除师生之间的陌生感，增强学生对新学校的适应性，使他们能尽快融入新的集体。

活动准备

多媒体课件；“你知道吗”问题纸条；祝福卡片。

活动过程

一、 团体热身阶段： 请让我来认识你

1. 握手活动

小朋友，很高兴认识你们！在未来的6年时间里，我们就是一家人。来，先握握手吧！（教师先和几名学生握手，并互相问候）

我们同桌的小朋友，前后左右的小朋友也可以握握手，互相问候一下。（师生群体互动）

2. 猜猜他是谁

这段日子，我认识了我们班的很多小朋友。我把其中几个小朋友的照片带来了。大家一起来看看，你能不能认出他。

（课件出示照片，学生边看边说出名字）请你说一说，他是一个怎样的人。

（出示一张教师本人小时候的照片，问）他是谁呢？（让学生猜）

（一张一张出示教师不同年龄的照片，揭谜底）他们就是教师本人。

3. 教师点评

现在，你们认识我了吗？我和你们一样，也是从小学一年级的小不点儿长成这么大的。从今天开始，我们不仅是一家人，还将成为好朋友呢。你们愿意吗？

二、团体转换阶段：我们成为好朋友

1. 真心话对对碰

做好朋友，彼此要真诚。我们来做个游戏——“真心话对对碰”。

（教师随便叫一个学生，问一个问题，学生回答，如，你最喜欢吃什么；然后学生可以举手问教师一个问题，教师回答。如此轮流 7～8 次。）

2. 师生互动

刚才和大家一起度过了愉快的游戏时间，大家也知道了我这么多的秘密。你们觉得我是个怎样的老师呢？谁能夸夸我？

（学生夸奖教师的同时，教师表示感谢，并夸奖学生）

三、团体工作阶段：小学老师真神奇

1. 游戏：“你知道吗”

我们从入学到现在已经和新老师们相处有一段时间了。现在，我要考考大家对自己的老师了解多少。接下来，我们来做个游戏——“你知道吗？”

（1）游戏规则：用“点兵点将”的方式选定答题同学，请被选中的同学抽取一张纸条，回答下面的问题。

你知道吗，语文老师姓什么？
你知道吗，数学老师大概几岁了？
你知道吗，体育老师上课的口令是什么？
……

（2）从刚才的游戏中，可以看出有些小朋友对老师了解得比较多。请问大家，你们是怎么了解老师们的呢？

（学生互相交流与教师相处、交流的方式、方法）

（3）教师点评：在课堂上积极学习，就是和老师的交流。在活动的时候和老师一起活动，也是交流。和老师交流的方法有很多，就看你愿不愿意，有没有勇气。看，现在我们就是在互相了解，很容易，不用紧张的。

2. 照片展览

（展示本校各学科、各年级教师上课时的照片）

刚才展示了这么多照片，你们都看到了什么？和幼儿园上课时一样吗？

（学生在小组内交流感受）

原来到了小学，有这么多的老师来给我们上课，上课的内容也很丰富，上课的地方也不一样。很有趣哦！

让我们听听，其他年级的哥哥姐姐们是怎么说的。

［播放视频：不同年级学生（包括毕业了的学生）讲述对小学老师的感情］

你听过后体会是什么？

（学生交流）

你们觉得小学里的新老师怎么样？能把你和老师相处的故事讲一讲，让我们共同分享吗？

（学生讲述自己和老师相处的美好回忆）

3. 儿歌小结《小学老师真神奇》

在老师采访哥哥姐姐们的时候，有一位大姐姐用一首儿歌表达了自己的感受。让我们听一听。

小学老师很神奇，许多知识装心里。
教写字，教算题，唱歌跳舞练身体。
娃娃长成小少年，老师和我在一起。

小学老师很神奇，只要你敞开心扉，和老师真心相处。让我们拍起小手，和这位姐姐一起来念念这首儿歌。

（跟着课件，师生一起拍手念儿歌）

四、团体结束阶段：老师和我在一起

1. 教师送祝福

今天，我们的小学老师给我们送来了祝福。

［课件展示祝福视频，把视频中老师们的祝福卡片（花瓣形）贴在黑板上］

我们的幼儿园老师们也把祝福写在卡片上送给大家（叶片形）。

（教师朗读卡片，并把卡片贴在黑板上）

瞧，孩子们，老师和我们在一起呢，和我们一起成长。

（贴卡片：老师和我在一起）

2. 播放歌曲《老师》

师生一起跟着唱《老师》。

你给我一句话/就打开我一扇窗
你给我一个微笑/我就浑身是力量
你给我一个眼神/我就找到了方向
你放开双手/让我遨游知识的海洋
老师啊老师/你像我兄长
老师啊老师/像老朋友一样
老师啊老师/是我学习的榜样
你给我的一切/我永远不会忘

3. 教师小结

孩子们，今天我们不但加深了了解，还走进了小学老师们的工作和生活，了解了我们的新老师。不管是幼儿园的老师，还是小学的老师，甚至是将来的中学老师、大学老师，都是陪伴我们走过人生某一个阶段的好朋友。让我们和老师一起快乐地生活、学习。

活动反思

本课的辅导对象是入学不久的一年级学生。针对他们的年龄特点和心理特点，以及刚入学的适应需要，在心育活动的过程中，我主要以简单的游戏来作为活动的平台。即使是师生对话的环节，也尽量在游戏中产生对话，在游戏中进行对话，让学生有兴趣并愿意讲。对于活动中游戏的设计，要注重结合学习生活，使游戏具有实效性。

整个活动环节的设计，是从让学生对上课教师个体的认识、了解和接纳，逐步延伸到对全体任课老师的了解、信任。这种由点及面的心理引导，可以使学生在接受信息和情感的过程中不会感到突然，同时又把老师的个人信息、工作性质和意义等方面的内容融入游戏中来让学生了解、感悟，让学生感受新的小学老师的生活和工作，拉近师生间的距离。

本活动在一年级进行教学时侧重激发学生“亲近老师、进一步了解老师”的愿望。课后，我想到这是一堂学生人际交往的辅导课，如果现场有本班几位任课老师参与活动，课堂上就能够现场创设出人际交往的情境。然后在“你知道吗”环节中可以让学生现场与任课老师互动，了解老师的信息；在“教师送祝福”的活动中，可以让到场的老师当堂送出祝福，这样就把学生的单向活动变成师生之间的双向互动，学生亲近老师的效果会更好。

（浙江省宁波市戎徐小学　翁鲁芦）

【活动参考资料】

亲其师方能信其道

在学校中，学生往往是先喜欢教师，再喜欢教师所提供的教育。他们很注重对教师的整体感觉是“喜欢”还是“不喜欢”，然后再来决定对教师的教育是“接受”还是“不接受”。师生交往时，如果教师伤害了学生的自尊和感情，学生与教师的人际关系必然僵化，那么，教师无论有怎样的良好用心，学生也不会接受了，并从内心深处对教师产生很大的抵触感。当学生喜欢一位教师后，对这位教师所给予的教育影响会产生很大的接纳感，他会带着良好的情感来正面理解教师的语言，接受教师的要求。因此，学生是先喜欢教师，再喜欢教师所提供的教育，并接受教师所施加的教育影响。

（屠荣生，唐思群：《师生沟通的艺术》）

活动专题3　我能“上课守纪律”（遵纪）

【活动参考目标】

1. 了解与理解

（1）了解小学课堂学习的基本规则。

（2）懂得克服不良习惯，培养良好学习习惯的重要性。

2. 尝试与学会

（1）尝试在课堂上逐步减少自己与学习无关的言行举止。

（2）尝试养成发言先举手、不打断别人发言的良好习惯。

（3）尝试养成在课堂上专心听讲、按老师要求完成学习任务的习惯。

3. 体验与感悟

（1）体验在课堂上控制住自己的一些不良习惯，特别需要“坚持、坚持、再坚持”。

（2）感受良好的课堂学习习惯带来的学习高效率。

【活动参考课例】

课堂里的小手“森林”

——我能“上课守纪律”

活动理念

教师大多都有这样的共识：一般上课专心听讲，积极发言的学生对于教师所传授的知识都能较好掌握，其口头语言表达能力也比较强，而且有良好的心理品质，学习成绩优异。反之，那些所谓的“后进生”，大多是课堂上不专心，怕发言，该学的没学到，课后还要去补习，从而加重了学习负担的学生。因此，从一年级开始，教师就应注重培养学生的课堂发言能力，激发学生学习的兴趣，让学生不怕发言，敢于发言，喜欢发言。要达到这一目的，就必须帮助学生理解“课堂上要积极举手发言”这一规则，重点在于“积极举手”，其次才是“不要不举手就乱发言”。

活动准备

多媒体课件；小树、小花的手套；英语单词、口算题、答题卡；写有祝福语的书签。

活动过程

一、 团体热身阶段： 手的森林

1. 播放音乐

（播放轻柔的音乐，用音乐美让学生静下心来，并放松自己）

很高兴看到你们的身体听懂了音乐，它沉浸在美妙的音乐声中，慢慢地休息着。

今天我们要学着做一次魔术师，让你们的小手也能跟着音乐翩翩起舞。

2. 介绍游戏规则

规则：男女生分别戴上可爱的小树、小花手套，老师会给你们看三张大小不同的笑脸。在游戏过程中，你们根据老师出示的笑脸的大小，用手做规定的动作。

三个动作的级别是这样的：最小：小手不能超过下巴；中间：小手举正，轻轻晃动，不能超过耳朵；最大：把小手举直并摇摆，像树枝和花儿随风摆动的姿态。

请第一排同学示范一次。

3. 律动

（全体师生参与，教师用课件出示不同的笑脸，同时配上有节奏的音乐）

没想到，举起的小手是那么美丽，真让人喜欢！

二、 团体转换阶段： 快举小手

1. 口算抢答

今天，老师想请这一双双美丽的小手，为你们的小组赚赚分。

（1）介绍游戏规则。

老师这里有一套卡片，有很简单的题目，自然也有很难的。看看谁能第一个举手抢答到题目，为你们的小组赚到一分。在游戏过程中，如果由于太激动，没有举手就提前报出答案，就算犯规。该组不得分，其他小组各加一分。

（2）教师出示卡片，抢答活动开始。

第一轮：十分简单的口算题。

第二轮：简单的英语单词。

抢答结束后，教师采访抢先说出答案的学生：你为什么会抢先说出答案？你觉得小组里其他同学会有什么想法？

2. 奖励机制加入举手抢答

现在，我要改变一下游戏规则了。这次我先不说题目，我说开始，你们就举手，抢到后，我再公布题目。（题目可以是字谜等，具有一定难度）

（采访没有举手的学生）你为什么没有举手啊？

我再改一下规则，题目抢到后再公布，不过，抢到的同学如果回答对了，就给小组加 5 分，回答错了，就要给小组扣 5 分。

（采访没有举手的学生）这次你为什么没有举手呢？

3. 教师点评

积极举手是认真学习的表现。学校的课堂纪律也有规定：学生上课时要积极举手发言，无论是没有举手就抢先发言，还是因为各种原因不敢举手发言，都是不符合学校规定的。

三、 团体工作阶段： 敢举小手

1. 大胆参与不怕错

其实，每个人都有犯错的时候，因为害怕犯错而让你的小手错过了展示的机会，那就真的很可惜了。

今天，老师还要找一找敢说“我错了”的好孩子。

（1）将全班学生分成两组，甲组在撤去课桌的教室中间围成一圈参与游戏，乙组坐在四周观察游戏。

（2）游戏组应注意：辅导教师喊“一”时，全体拉拉耳朵；喊“二”时，全体眨眨眼睛；喊“三”时，全体抱头蹲下；喊“四”时，全体扭扭屁股；喊“五”时，全体大笑三声。

（3）当有人做错时，做错的人要走出来站到大家面前先鞠一躬，再举起右手高声说：“对不起，我错了！”全班要回应：“没关系，不怕错！敢做就是好样的！”

（4）游戏重新开始，一段时间后，甲乙两组互换角色。如此循环，适可而止。

（5）分享：①当你站在中间向大家说“我错了”的时候，内心有何感受？②当你看到同学站在中间，大声向大家说我错了的时候，你怎么想？③当你听到全班大声回应“没关系，不怕错！敢做就是好样的！”你的心里有何感受？

从这个游戏中，你受到了什么启发？

（6）教师点评。

要让每一位同学都敢于把手举起来发言，不仅是举手的同学不要害怕自己答错，更重要的是其他同学不要去笑话回答错误的同学。如果有人笑话了回答错误的同学，也是违反了我们课堂里最重要的一条纪律。

2. 我的小手法宝多

小手拥有了你的勇气，它跳得更欢了。可是，它嫌自己的法宝还不够多，让我们再玩个游戏吧。

（1）读唇语。

今天的天气真好！

你吃饭了吗？

我的眼睛最明亮！

提问：他的小手拥有了哪些法宝才会那么自豪地举了起来？（引出“眼睛”并板书）

（2）请6位同学一字排开，教师发给每人一张卡片，学生按顺序快速读出卡片上的词语或数字，读完后教师向全体学生随机提问，比比谁听得更专心。

第一组词语：苹果　橘子　梨　西瓜　香蕉　哈密瓜

提问：第三位同学说的是什么水果？

第二组词语：猴子　猫　兔子　小狗　老鼠　狮子

提问：第一位同学说的是什么动物？

第三组数字：7　9　8　4　3　1

提问：第二位同学报的是什么数字？

提问：他的小手拥有了哪些法宝才会那么自豪地举了起来？（引出“耳朵”并板书）

（3）脑筋急转弯。

鱼缸里有10条鱼，死掉了一条，还剩几条？（答案：10条，死鱼也是鱼）
把8分成两半，是多少？（答案：0）
怎样才能用蓝笔写出红字来？（答案：写个“红”字）

提问：他的小手拥有了哪些法宝才会那么自豪地举了起来？（引出“脑筋”并板书）

我们来看看这些法宝，你有吗？（让孩子发现举手发言其实很简单）

所以，只要好好运用咱们的法宝，我们的教室里就会经常出现一片美丽的“小森林”。

四、团体结束阶段：高举小手

1. 自我激励

每人想出一句到两句自己最满意的自我激励的口号，然后熟读、背诵。

2. 喊出决心

辅导教师带领全体学生在教室里列队，队形为U形，学生高举双手，用尽全力把自己的口号喊出来。要大声、坚定、有自信，重复三遍，然后全体学生热烈鼓掌。

3. 教师小结

事先应做好书签，每人一个，上面写上一些激励的话语，放在学生的小柜子里，让他们自己去找。如，

自信就是成功的第一秘诀。——爱默生
聪明的人有长的耳朵和短的舌头。——弗莱格
有信心的人，可以化渺小为伟大，化平庸为神奇。——萧伯纳
天生我材必有用。——李白

活动反思

本课根据一年级学生的年龄特点，选择简单有趣的游戏，让学生在活动中，主动去探知自己不敢举手发言的原因。在深入了解自我的基础上，再通

过一系列的活动找到在课堂上积极举手发言的秘诀。最后经由体验活动，让学生采用积极的心理暗示，以自我激励的方式大声喊出口号，增强积极举手的自信心。而教师赠予学生写有励志格言的书签，更是起到了强化的作用。通过该节课的辅导，一年级学生知道了“在课堂上守纪律”不仅仅是指不要随意做不该做的事情，还包括了要积极地做应该做的事情，从而大大激发了学生参与课堂发言的积极性。

（浙江省嘉兴市南湖国际实验学校　闻沈慧）

【活动参考资料】

最好的纪律是卷入学习

学习的最差的环境是害怕、控制和高应激占优势的环境。最佳学习环境是由适度应激动机所支持的，具有足够的新异性以激发学生的好奇心，足够的挑战性以推动学生追求更高的学业水平。当学生投入地学习时，纪律问题也就消失了。

最好的纪律系统是让学生全心学习的系统。当儿童忙于学习时，他们便很少用行动发泄不良情绪。用正规的纪律规范每一个学生的“错误”是不切实际的。学生知道教师要他们遵守的纪律越少越好。通过读懂学生的状态，创设一贯的卷入性、新异性、挑战性和多样性，来保持学生专注于“学习”。教师越为纪律问题所激怒，它就越会出现。（如果你乱了方寸，谁来掌控?）记住：“注意”在哪儿，哪儿就有能量的流动！因此，要保持你学生的注意力聚焦在学习的快乐和兴奋上。

（Eric Jensen：《适用于脑的策略》）

游戏：熊和木头人

1. 游戏规则

放音乐，学生围成一个圆圈，边走边念歌谣——“小鸟喳喳叫，小兔蹦蹦跳。我们小朋友，也往树林跑。采上几朵花，再把舞来跳。要是大熊走过来，千万别乱跑。”念到这个地方，大家齐声说“赶快装成‘木头人’，不许讲话不许动，还有一条不许笑”。这时，一个小朋友扮演“熊”，边走边观察，看谁在动。如果发现有人动了，就抓住他把他“吃掉”。被“吃掉”的学生退出游戏在旁边等待。

然后音乐渐轻，“熊”回到躲藏处，游戏重新开始。

2. 游戏建议

(1)“熊”出现后，学生都装成了“木头人”，开始只要站住不动即可；以后可提高要求，如：必须有两人以上组合造型。若被“熊”发现不能与他人结伴造型者，同样要被“吃掉”而退出游戏。

(2) 开始时，“熊”一离开，学生即可走动；以后“熊”可根据音乐的节奏在离去的途中又转回来，其他学生见状则应立即扮成“木头人”，屹立不动。

(3) 游戏中，“熊”可以做出各种动作、表情去试验“木头人”是不是“真的”。这时，“木头人”仍须坚持不动。

（黑龙江省农垦滨江小学　陈玉莹）

活动专题 4　我能“排队守规则”（守规）

【活动参考目标】

1. 了解与理解

(1) 了解生活中处处有规则，不遵守规则就会带来秩序上的混乱，甚至是重大事故。

(2) 了解遵守规则要靠每个人的自觉性。

2. 尝试与学会

(1) 学会从“排队守规则”开始做起，自觉遵守校内的各种规章制度。

(2) 学会把“规则意识”运用到校外，自觉遵守社会行为规范。

（3）尝试把“规则意识”外化为具体的“遵章守规”的行为模式。

3. 体验与感悟

（1）体验生活中秩序带来的安全感与舒适感。

（2）感悟遵守规则最难的是“人前人后一个样”、“有人表扬和没人表扬一个样”。

【活动参考课例】

讲秩序　享自由

——我能“排队守规则”

活动理念

“规则”有时可理解为“责任、义务”，可以说，为使社会能正常运行乃至进步，每个人都应树立“规则意识”，自觉地尽各种责任、义务。本课中的“规则”是对小学一年级的学生而言，针对低学年发展性心育目标体系，我们的“规则”指的是最基本的行为规范（如，有礼貌、守秩序、使用别人的东西前要征得对方同意等），不包括较高要求的道德规范（如，关心集体、助人为乐、有责任感等）。或者说，只是心理学意义上的“规则”，而非道德规范。

规则可以分为校园规则（如，学习规则、行为规则）、社会规则等，因为本课心育活动的对象是小学一年级的学生，所以本次活动以学生遵守校园规则为主，其他规则稍带了解。

活动准备

“水晶魔球”、“水晶魔球”表格、笔；把学生分好小组并培训小组长；排练小品。

活动过程

一、团体热身阶段：“石头剪子布”

同桌的两个学生玩“石头剪子布”游戏，输的人要被赢的人刮一下鼻子。

比比谁赢得多！

（游戏中，要决定谁赢谁输，以什么为标准判断输赢）

石头与剪子相碰时，石头打剪子；剪子与布相碰时，剪子剪布；布与石头相碰时，布包石头。

这就是规则，今天，我们就一起来聊聊规则。（课件：出示课题）那什么是规则呢？请欣赏小品《溜之大吉》。

二、团体转换阶段：破坏规则的小林

1. 表演小品：《溜之大吉》

（下午第三节自修课时，小林东摸摸，西找找，没有写过一个字，还不时地转来转去与旁边的同学聊天，离下课还有10分钟左右时他就开始动。他伸了伸懒腰，挪动了一下椅子，似乎想从后门一跃而出。好不容易挨到自修课结束，下课铃声刚一响起，他抓起书包就往教室外跑）

值日组长：小林，今天你要值日！

小林：（不屑一顾地）老子哪天值过日。

值日组长：你又要跑了啊，我去告诉老师了！

小林：（盛气凌人地）你敢！

（值日组长正要向老师办公室走去，小林见势不妙，扭头折回，一把拉住值日组长的衣袖，抡起拳头就向值日组长的脑袋挥去……）

事情发生后，小林受到了班主任的严厉批评，说他违反了规则。从小品中，我们可以看出小林在哪些地方违反了规则？

（学生回答）

小林在这么短的时间里违反了这么多规则，我们生活在校园里，还有哪些规则需要遵守呢？

2. 小组活动

（出示课件）在校园里，我们还需要遵守哪些规则？

（小组讨论，全班分享）

3. 教师点评

刚才大家所说的规则，很多都来自《小学生守则》。的确，规则就在我们身边，需要我们去遵守。如果不遵守规则，就可能产生意想不到的后果。

三、团体工作阶段：“水晶魔球”教我守规则

1. 播放视频：《踩踏事件》

一张张灿烂的笑脸，一条条鲜活的生命，一个个跟我们同龄的花季少年，因为有人不遵守上下楼梯的规则，就这样永远地离开了同学，离开了爸爸妈妈，离开了这个美丽的世界。现在，你有什么感想？

（学生在组内分享感受）

上下楼梯这么简单的事，如果我们不遵守规则，可能就会发生让人如此痛心的悲剧。其实我们校园里有许多规则看似无足轻重，但如果你不去好好遵守，就会影响我们的学习和生活，甚至造成更严重的后果。

2. 小组讨论

跟你的同桌讨论一下，你认为在我们的校园里违反哪些规则容易造成严重的事故？

（学生自由发言）

3. “水晶魔球”计划

大家说得真好，这些违规行为可能暂时还没造成什么严重后果，但一旦造成了严重后果，如上面我们看到的踩踏事件，就后悔莫及了。现在我们审视一下自己，回忆一下自己曾经出现过的违规行为。

（1）完成“水晶魔球”表格（投影仪）。

找出一例“我最容易出现的违规行为”。

A. 给违规行为打分。

如果我有一把刻度为 0 ~ 10 的标尺，“0”表示我这种违规行为十分多，“10”表示我这种违规行为几乎没有，请你给你的违规行为打分。

B. 找出努力的方向。

想想今后努力做到几分，同时在标尺上做好标记。

C. “水晶魔球”。

这是一个“水晶魔球”（投影），透过它，你会看到改变后的你将是什么

样子。请你在“水晶魔球”一表中写上改变后的你是什么模样。

“水晶魔球”表

我曾经出现的违规行为	“规则”标尺	透过“水晶魔球”看到的我
	现在做到几分，用小实点表示 努力做到几分，用小圆圈表示 0 1 2 3 4 5 6 7 8 9 10 经常发生 从不发生	

（2）分享“水晶魔球”给自己带来的变化。

谢谢这几位同学的分享。大家一起努力，相信我们的校园生活会更加和谐、更加美好。

4. “水晶魔球”看社会

（1）头脑风暴：通过“水晶魔球”看社会，你认为在公共场所还有哪些需要遵守的规则？

（2）出示图片并归纳：上下车排队、世博会排队、春运购票排队、餐厅就餐不大声说笑、进出房间时要顾及别人的感受、电影院和剧场内不宜喧哗等规则。

四、团体结束阶段：我能排队守规则

1.《校园规则拍手歌》

老师收集了一首《校园规则拍手歌》，与大家一起分享。

你拍一我拍一，校园规则要牢记。
你拍二我拍二，举手发言要积极。
你拍三我拍三，上课专心不捣乱。
你拍四我拍四，团结同学敬老师。
你拍五我拍五，值日工作不马虎。
你拍六我拍六，上下楼梯要靠右。

你拍七我拍七，果皮纸屑不乱丢。

你拍八我拍八，认真做操不说话。

你拍九我拍九，遵守规则要持久。

你拍十我拍十，人人都来守规则。

2. 下课排队守规则

拍手歌唱完了，我们的课也要结束了。离开教室时我们要遵守什么规则呢？（生：要排队……）大家说得真好，那就让我们这样去做吧！同学们再见！

活动反思

这一稿已经是第11稿了，当把这一稿在全市的公开课上展示时，心中有一种释然感。之前那么辛苦地一稿一稿地修改，一遍一遍地上课，都出现了许多不尽如人意的地方。现在想来，从某种程度上来说，课的“设计思路”决定了课的成败。真心地感谢我们的团队，“集体的力量大无边”在这堂课上得到了有力的证明。

前面的10稿，不是把“规则”上成了思想品德课，就是上成了班会说教课。虽然在每一次上完课后，学生多少都能有所收获，但总感觉学生的投入不够，他们只是表面上听我把课上完了而已，他们讲到的例子也只是为了配合我的教学，不是他们发自内心的话。而心育活动课的最大特点是要有真诚的课堂氛围，我们的团队一直在思索怎么样才能营造出一种真诚的课堂氛围。

我们及时调整了设计思路。

一是通过观赏小品，激发学生守规则的意识；

二是通过观看“踩踏事件”视频，让学生感受遵守规则的重要性；

三是让学生用“水晶魔球”审视自己在校园和社会生活中的违规行为，了解有哪些规则需要遵守。

通过以上调整，缩小了原来面面俱到的“规则”，删除了很多松松散散显得多余的“规则”，学生的情绪也就像过山车一样此起彼伏，紧紧沿着“规则”的主题直到下课，学生对“规则”两字的理解也就更深刻了。

（浙江省嵊州市三江街道中心小学　周月平

浙江省宁波市通途小学　崔　捷）

【活动参考资料】

规范就是社会所坚持的行为标准

“饭前洗手”、“不可杀人”、“尊敬长者”，每个社会都会鼓励与支持某些该社会认为合宜的行为，同时，阻止与处罚他们认为不适当的行为。规范指的就是社会所坚持的行为标准。

为了让一个规范变得有意义，这个规范本身必须是该社会里多数人所能接受且了解的。举例来说，在电影院里，一旦电影开始播映，我们就希望每个观众都能够安静欣赏，不要大声喧哗；也就是因为这个规范，所以当有观众大声吵闹时，电影院管理人员就可以出面制止。当然，这项规范的应用也会因电影与观众形态类型的不同而有所区别。观看严肃艺术电影的观众，可能会比欣赏滑稽戏剧或者恐怖片的观众更坚持遵守这项规范。

（理查德·谢弗《社会学与生活》）

哪里有秩序，哪里就可能有和谐

建立礼仪规则的一个目的是树立明确的角色。例如，在聚会中，主人将客人相互介绍给对方是适当的，而客人在用电话或从冰箱中取食物前应当征求主人的同意。如果主人忽略了介绍客人，或客人忘记了感谢主人，社会链就会出现中断，大家都多少觉得有点不舒服。当人们讲究礼貌时，他们会履行职责要求，建立适当的结构，营造温馨的感觉，防止焦虑不安的情绪。传统道德赞成在不同角色之间有所区别，教导人们履行这些角色。这里的想法是：哪里有秩序，哪里就可能有和谐；哪里有和谐的交往，哪里就会有关爱和关心。

（国际教育基金会：《培养心情与人格》）

活动专题5

我能“倾听不插嘴”（倾听）

【活动参考目标】

1. 了解与理解

（1）了解“倾听”老师讲话和同学发言是对别人的一种尊重。

（2）懂得“倾听”的基本要求。

2. 尝试与学会

（1）学会如何用自己的身体姿势来表示自己在认真“倾听”。

（2）学会如何用“心”倾听别人的发言。

（3）逐步养成在小组内遵守发言顺序、耐心倾听别人发言的习惯。

（4）逐步学会克制自己想要“插嘴”、打断别人发言的冲动。

3. 体验与感悟

（1）体验当自己讲话时，大家都认真倾听的“受重视”的感觉。

（2）感受无人倾听自己讲话时的“被忽略”的心情。

【活动参考课例】

做一个好“听众”

——我能“倾听不插嘴”

活动理念

倾听是一种人际交往礼仪，也是获取信息的重要方式。小学1～3年级是培养学生倾听习惯的关键期。倾听是一种含有听讲技巧的高效活动，还涉及鉴赏性思考、主动性理解、批判性接受等方面内容。通过倾听，可以借助别人的智慧帮助学习、解决问题。一年级新生入学后，在日常生活、课堂学习中，有的学生可以很好地表达，或者在课堂上表现出“认真”的状态，但有的学生经常会有随便插话的不良习惯，在别人回答问题时根本不听、不思考。

这成了一年级学生在课堂中急需解决的一个实际问题，也是新生入学之后不能很快适应新规范的表现。基于对这些问题的考虑，我们选定了此课的主题。

活动准备

多媒体课件；两则故事；课前调查及数据分析；在讲台附近准备一张空课桌、四把椅子；小奖品（小绿叶）若干。

活动过程

一、团体热身阶段：我说你听

1. 游戏："黑熊、棕熊与蜜蜂、蜂蜜"

游戏规则：老师讲的故事中会多次出现"蜜蜂"和"蜂蜜"这两个词。每当听到"蜜蜂"时，男同学起立，女同学坐着；听到"蜂蜜"时，女同学起立，男同学坐下。（出示 PPT）

黑熊和棕熊大比拼

黑熊和棕熊都喜欢吃蜂蜜，它们都以养蜜蜂为生。它们各有一个蜂箱，养着同样多的蜜蜂。有一天，它们决定比赛看谁产的蜂蜜多。

黑熊想，蜂蜜的产量取决于蜜蜂每天对花的"停留次数"。于是，它买来了一套测量蜜蜂接触花朵次数的仪器。在它看来，蜜蜂接触花的次数就是蜜蜂的工作量。棕熊与黑熊想得不一样。它认为能产多少蜂蜜，关键在于蜜蜂每天采回多少花蜜——花蜜越多，酿的蜂蜜也越多。它也买了一套仪器，但测量的是每只蜜蜂每天采回花蜜的数量和整个蜂箱每天酿出蜂蜜的数量，并把结果公布出来。

一年过去了，棕熊的蜜蜂产的蜂蜜比黑熊的蜜蜂产的蜂蜜多出整整一倍。

2. 讨论

为什么有的同学能在活动中反应得又快又准确？有的同学出错较多？

学生讨论发言。（如，有的同学在其他同学发言时随意嬉笑、插嘴，影响大家做游戏）

3. 教师点评

反应又快又准确的一个很重要的前提就是认真倾听。

（引出课题，板书：做一个好“听众”）

二、团体转换阶段：趣说“聪”字

1. 趣说“聪字”

提问：谁知道“聪明”的“聪”字怎么写呢？

（在学生讲述后，板书一个大大的“聪”字）

我们的祖先在创造汉字的时候，是很有讲究的。你们看看，这个“聪”字能告诉我们什么呢？

引导学生发现：“聪”字由“一耳、两手、一口、一心”组成，聪明的孩子首先是一个善于倾听的孩子，因为“聪”字把大大的耳朵摆在第一位，会倾听的孩子才是聪明的孩子。其次，聪明的孩子会动手、动口和用心，其中“用心”是基础，放在“聪”字的右下角，而“聪”字右上角那两点，不正像一双勤劳的小手吗？它告诉我们要先做再说，多做事少说话，做一个踏踏实实的人。

2. 教师点评

所以，一定要养成良好的倾听习惯，这不仅是我们获得知识的重要条件，也是和别人友好交流的秘诀，认真倾听能使你拥有更多的朋友。

三、团体工作阶段：受欢迎的耳朵

1. 情景剧：《最“佳”听众》

到底是什么原因影响我们的倾听呢？请同学表演《最“佳”听众》，其他同学看看，这三位听讲的同学，倾听水平怎么样。

甲——（老师提供简要文稿）说他自己对春游的设想，说得比较具体，大概说 1 分钟。

乙——听甲同学发言时，不停变换身体姿势，不停地插话、抢话题。

丙——听甲同学发言时，东张西望，不停地看表或转笔。

丁——手上拿一本书，甲同学每讲一句，他就点一下头，最后问“你刚才说什么？”然后埋头看书。

（学生互相交流看法）

（分享角色体验，老师采访表演者甲）

师：请问，你在讲话时，感觉怎么样？

甲：不高兴，他们都不听我说。

师：为什么会不高兴？你能一个一个说说他们的表现吗？

甲：（指乙）他坐得不端正，扭来扭去，很不严肃，总是打断我。（指丙）他好像不愿意听我讲话。

师：你为什么这么认为？

甲：他东看看，西瞧瞧，还看手表，很不耐烦，好像有别的事情要忙。

师：你的观察很仔细，请再说说“丁”。

甲：他不关心我在说什么，自顾自地看书，还装做关心我的样子，问我“你刚才说什么”，我听到这样的话，很不高兴。

谢谢你和大家分享了你的感受。通过刚才的表演，在场的同学是否了解到，什么样的行为是不受欢迎的倾听表现？

2. 议一议

投影出示表格，教师引导学生逐一说出自己的看法，最后教师做出归纳，板书。

	不良倾听行为的表现	良好倾听行为的表现
表情		
语言		
动作		
其他		

3. 不合格的“听众”

师生双向交流后，用课件展示不合格的倾听动作（如右图），教师引导学生分析这样的倾听行为有可能向说话者传递什么样的信息。

引导学生理解下列倾听行为的含义：

身体不停地转来转去或不停地变换姿势——什么时候可以结束啊！

随意插话、抢话——你说的我都知道了。

东张西望——你可不可以不要再说了。

转笔——真有些无聊。

不停地看表——逐客令：你是不是该走了？

埋头做自己的事情——你爱说不说，我得干自己的事了。

打哈欠、伸懒腰——我对你所说的内容没什么兴趣。

4. 懂得“倾听”的秘诀

（1）小组讨论：怎样才是良好的倾听表现？

（2）全班同学交流，现场补充 PPT 内容：

良好的表现

①安静、仔细倾听，要严肃一些。

②姿势端正，等别人说完再发言，要举手发言。

③眼神有交流。

④不开小差，不做小动作。

⑤不插嘴，不随便岔开话题。

⑥用鼓掌、点头、微笑等方式表示赞赏。

⑦一边倾听，一边思考。

（3）教师点评：通过交流，我们了解了哪些是不好的倾听行为，哪些是良好的倾听行为。请你轻声地读一读，把这些秘诀记在心里。

5. 送“四心”小窍门

同学们分析得很具体，真是聪明的孩子！为了在学习和日常生活中，能把良好的倾听的表现记得更清楚，老师送给大家“四心”小窍门——

专心：听清每一句话，不想其他事。

耐心：不插嘴，别人说完再发表意见。

虚心：不自满，能接受别人的意见。

用心：有自己的思考，有选择地接受别人的意见。

6. 再演《最“佳”听众》

根据老师、同学的建议，请同学们每四人一组再说说春游这个话题，一位同学为主要发言人，其他三位尝试做一名表现良好的听众。邀请一组同学上台表演，其他同学观察、强化、点评。

四、团体结束阶段：“倾听”训练

1. “倾听”并“听清”故事

让我们运用刚才学到的倾听方法，来听老师读一则故事。邀请两名同学做“观察员”，看看同学们的倾听表现。

骆驼妈妈

有一个美国旅行者在非洲撒哈拉沙漠看到这样一幕：无人区里有一头骆驼带着几头小骆驼一路低着头，不时停下来闻一闻干燥的沙子。按照常识，美国人知道这是骆驼在找水喝。它们显然渴坏了，几头小骆驼无精打采地走着，在太阳灼烤下，它们的眼睛血红血红的，看起来快支撑不住了。

旅行者还发现，小骆驼们紧紧地挨着骆驼妈妈。在骆驼妈妈的带领下，终于，它们来到了一个月牙形的泉边，停住了。几头小骆驼兴奋异常，鼻子里发出“哼哼”的声音。

可是，泉水太浅了，站在高处的几头小骆驼不论怎么努力也无法把嘴凑到泉水边上去。

惊人的一幕发生了，骆驼妈妈围着她的孩子们转了几圈，突然纵身跃入泉水中……水终于涨高了，刚好能让小骆驼们喝着水。

（1）请“观察员”点评。

观察员从同学们的姿态、动作表现方面表扬了大家，可见同学们的确听得很认真。可见，好的倾听习惯是可以通过你的努力来培养的。

（2）检测听讲质量。

（教师取出礼品）如果你带上老师送的“四个心”听故事，就一定能回答下面的问题，谁答对了，就能得到奖品。

（老师随机提问故事情节，学生交流答案）

（3）师生交流，派发礼品。

这些同学可以说做到了“我能倾听不插嘴”。

2. 自我评价

（1）在你的倾听行为中，有哪些行为不利于人际交往，以后该如何改进？

（2）小组交流。

（3）教师赠送绿叶。

你没有妨碍大家学习，自己也听清了、学会了，就像是绿叶守护鲜花一样，你就是出色的绿叶。每人都可以拿一片绿叶鼓励自己做一个不插嘴的好学生。

3. 教师小结

但愿每一位同学都能养成良好的倾听习惯，做一个会听课的好学生，在倾听的过程中学到知识，在倾听中学会思考，在倾听中获得成长！

活动反思

本课通过做游戏、表演情景剧，让学生感受到了认真倾听对于信息捕捉的重要性。对“聪”字的解说，激发了一年级孩子想在学习上证明自己聪明的积极愿望。情景剧《最“佳”听众》的设计，重在让学生从一个旁观者的角度观察、思考：倾听习惯的不良表现与良好表现分别是怎样的。之后，老师提炼概括了“四心”秘诀，是为了帮助孩子学以致用。四人小组表演《最“佳”听众》更是为了强化学生正向的习惯养成。最后设计一个听故事的环节，来实践倾听技巧，同时，设了“观察员”，进行倾听习惯的点评。而“自我评价”的环节，也不可少，因为正确地认识自我，更有助于习惯的养成。总的说来，教师辅导时，要注重让学生在游戏中体验感悟，在实践中总结、并运用良好的倾听习惯。

（浙江省宁波市江东区外国语实验小学　卢　丹
浙江省嘉兴市南湖国际实验学校　周燕屏）

【活动参考资料】

全神贯注的倾听行为

一个重要的全神贯注的行为是眼神接触。有效的倾听者必须小心，不要转移自己的视线，不要扫视整个房间，或是保持一种焦点模糊的眼神。

全神贯注的行为还包括倾听者的身体姿势。三种身体行为可以传达积极的态度：①直接的面对面的身体方位；②躯干前倾；③近距离的，但是不会让人感觉不舒服的互动距离……倾听者应该避免以下的身体行为：过多的姿势变换、坐立不安、更大的互动距离以及封闭的身体姿势等，因为这些行为可能会暗示不安、烦躁，或是对于另外一方沟通者的冷漠、缺乏反应等。

其他的全神贯注行为包括点头、保持有回应的面部表情、使用简单的语言表达、鼓励表达以及用温和的、悦耳的嗓音说话……总而言之，有兴趣的倾听者应该避免表现出一副“没有表情的”脸，因为缺乏面部回应可能很快破坏沟通互动。

（安德鲁·D. 沃尔文：《倾听的艺术》）

三个小金人

1. 故事

很久很久以前，有一个大国和一个小国，两国表面上看起来很和谐，但事实上并不是这样。

有一次，小国的国王派人送三个“小金人”到大国去。小国的使者到了大国后，把小金人摆到了大国国王和大臣面前，告诉他们这些是自己从本国带来送给他们的礼物，大国的大臣们高兴不已。就在这时，小国的使者说：“在你们收下这个礼物之前，必须回答一个问题，那就是指出这三个小金人哪个最值钱。”（注：这三个小金人从表面上看并没有什么不同的地方）这下可难倒了大国的大臣们。他们想，这可不行，总不能让他们那么个小不点国家看不起我们吧！但他们想尽了办法，也动用了所有的人才，仍然没有办法，最后，他们把早就告老还乡的老臣找了回来。

那个老臣只用了根稻草就帮他们找出了那个最值钱的小金人。

（1）他把稻草从第一个小金人的左耳朵里穿进去，结果稻草从小金人的右耳朵里出来了；

（2）他把稻草从第二个小金人的左耳朵里穿进去，结果稻草从小金人的嘴巴里出来了；

（3）他把稻草从第三个小金人的左耳朵里穿进去，结果稻草没有出来，而是到肚子里去了。

提问：故事到此就结束了，你们知道哪个小金人是最值钱的吗？为什么呢？

2. 分享

提问：为什么我们每个人都有两只耳朵，却只有一张嘴？

3. 教师小结

最有价值的人，不一定是最会说话的人。老天给我们两只耳朵一个嘴巴，本来就是让我们多听少说的。善于倾听，这样的人才最难能可贵。所以，我们从小要学会倾听不插嘴。

（浙江省杭州市西湖小学教育集团　支惠惠）

淘淘的苦恼

1. 故事

新学期开学前一天，淘淘召集他的小助手：眼睛、耳朵、嘴巴、小手、小脚开会了。他要给他的助手们分工。淘淘说："眼睛负责看，耳朵负责听，嘴巴负责说，手和脚负责动。"助手们纷纷点头表示明白了。

第二天一早，助手们就随淘淘去上学。等放学回家后，妈妈问："淘淘，今天你发言了几次？"淘淘低下头不说话。妈妈急了："难道一次也没发言？"淘淘点了点头。妈妈说："你没带嘴巴去上学啊？"淘淘说："带了带了。"淘淘问嘴巴："你怎么搞的，为什么一次都不发言？"嘴巴委屈地说："我很想说啊，可耳朵根本就没在听老师说话，它连问题都没听到，要我怎么发言啊！"

2. 小组讨论

听到这里，你想对淘淘说些什么？

3. 教师小结

小朋友们，“倾听”可是一个大本领！它可不只是耳朵的事，还要用上我们身上许多“宝贝小助手”。

（浙江省嘉兴市南湖国际实验学校　朱霞萍）

活动专题 6　我能“整理小书包”（自理）

【活动参考目标】

1. 了解与理解

（1）理解学习准备工作的重要性。

（2）懂得自己的事情应该自己做。

2. 尝试与学会

（1）学会用卡通画的形式列出自己书包中必备学习用品的清单。

（2）学会在每天晚上完成家庭作业之后，整理书包，清点物品。

（3）学会在每天放学后检查自己的课桌，看看是否遗忘了物品。

3. 体验与感悟

（1）感受有条理地做事情带来的轻松心情。

（2）体验自己动手做好课前准备、不要父母代劳的快乐。

【活动参考课例】

我的书包我整理

——我能“整理小书包”

活动理念

一年级学生入学之后，会有一段较长的适应期。他们在家庭中往往被家长宠爱，他们的日常生活事务也被家长包办了。进入小学之后，他们还不能很快地从幼儿园的“孩子”角色转变为“小学生”角色，对家长和老师的依赖心理依然很重。书包杂乱、学习用品丢三落四就是这种依赖心理的一个普遍表现。因此，老师教一年级学生学会整理自己的小书包，并引导他们养成这一良好的习惯，对于帮助他们尽快适应自己的新角色、促进自己独立意识的发展可以起到积极的推动作用。

活动准备

每个学生准备一个书包，若干学习用品；配乐儿歌《自己的事情自己做》；学生分组。

活动过程

一、 团体热身阶段： 说说跳跳

1. 说一说：《自己的事情自己做》

自己起床呀坐起来，自己的衣服自己穿；
自己的被子自己叠，自己的帽子自己戴；
自己的书包整理好，自己的玩具自己摆；
自己的事情自己做，我这小学生多勤快。

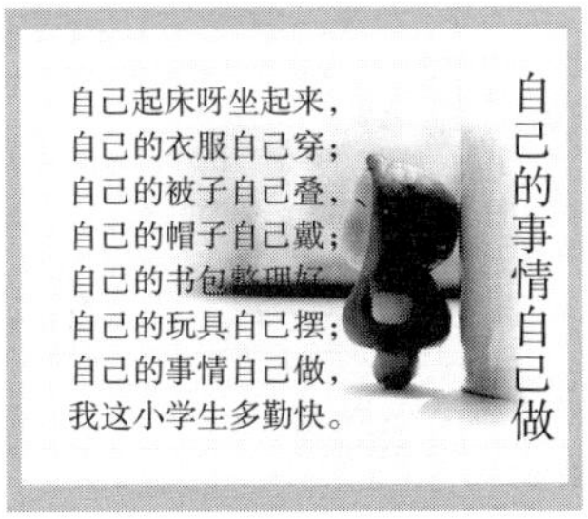

2. 跳一跳

教师带动学生边唱儿歌边做动作跳起来。

二、 团体转换阶段： 我爱我的小书包

1. 猜谜语

小朋友们喜欢猜谜语吗？今天老师给大家带来了一个谜语。(出示 PPT，如左图)

谜底是书包。小朋友们真聪明，一下子就猜到了。

2. 展示小书包

在小组里交流一下，你喜欢自己的小书包吗？

它有什么特别的地方呢？下面我们玩一个游戏。

三、团体工作阶段：我会整理小书包

1. 书包寻宝

（1）教师说明游戏规则。

这儿有两个书包，每个书包中各有一块白色橡皮，我请两个小朋友上来各选择一个书包，谁先找到那块白色橡皮，谁就获胜。

其他的小朋友在座位上仔细看好了，也可以轻声为自己喜欢的同学加油。

（2）选择两位学生上来做游戏。

老师采访获胜者：你获胜了有什么感受？你觉得自己为什么能获胜？

我们一起看一看这两个书包。（一个书包很整洁，一个书包很乱）

如果让你选择，你想拥有哪只书包？为什么？（板书：整齐、方便）

2. 整理书包有诀窍

现在请小朋友们看看自己的书包，认为自己的书包整理得很整齐的同学，请自信地举起小手。

同小组同学互相说一说自己是怎样整理书包的，然后请几位学生说说整理书包的好方法。

师生讨论得出结论：

按学科分类——按语文、数学、英语等不同科目分类；

按用途分类——把不同用途的书本分开放；

按大小分类——把大书放在一起，小书放在一起。

3. 榜样示范

现在我请一位小朋友上来把刚才这个很乱的书包整理一下，边整理边介绍，其他小朋友要仔细看，认真听。

4. 小组练习

自己选择一种方法整理书包，在小组内比一比，看谁做得又快又好。

5. 集体比赛

（1）教师组织一次整理书包的比赛，看看谁能当整理书包的小能手。

（2）教师宣布比赛规则，学生在音乐声中整理书包。

（3）根据活动情况评选出整理得比较好的若干名学生，进行奖励。

6. 给书包减肥

教师拿出一个很重的书包和一个很轻的书包，请一位同学来背一背，问他：背这两个书包有什么不同的感觉？

有些小朋友的书包胖乎乎的，需要减减肥，那你们说说怎么才能给书包减肥呢？

大家一起来看看课程表，找找今天都有些什么课？（投影出示课程表）

下面就让我们一起为书包减减肥吧！（学生在音乐中再次整理书包）

现在请你背一背自己的书包，感觉怎么样？（教师贴卡片：舒服）

小朋友们真是能干，一下子就让自己的书包变轻了，这样背起来就舒服多了。

四、团体结束阶段："我真能干！"

1. 找找感觉

小朋友们，活动进行到这儿，你有什么收获呢？看着自己整理过的书包，你有什么感想呢？

2. "我真能干！"

现在你能自己整理小书包吗？

（教师带领全班学生大声说："我能整理小书包！""我真能干！"）

希望小朋友们以后能坚持自己整理书包，真正做到自己的事情自己做。

3. 为自己加油

（1）唱儿歌：《自己的事情自己做》。

（2）教师带动学生边唱儿歌边做动作跳起来，本节课在音乐声中结束。

活动反思

这节课在儿歌《自己的事情自己做》中拉开了序幕。唱过这首儿歌后，学生很开心。接着猜谜语，学生的积极性很高。这两个环节为导入课题做好了充分的准备。在"书包寻宝"后学生就开始整理自己的书包。我让学生按自己的想法先把东西分一分类，一边分一边讨论分类方法。大部分的学生把书分成大开本的书和小开本的书，按科目分的学生比较少，一部分学生按课本和笔记本的用途分。个别实践、小组练习、集体比赛后大部分学生已经能按一定的方法整理书包。然后教师做示范，让学生跟着教师按科目分课本和笔记本，并整理成一叠，放进书包。孩子们整理的速度很快，今天的课堂也不乱糟糟的了，很有秩序。“5、4、3、2、1”，我数“1”声刚落，全班学生都已将东西放进书包。我觉得很开心，很认真地称赞他们。最后，我问：“今天你收获了什么？”大部分学生说：“我学会了整理书包！”最后全班学生一起说：“我能整理小书包！”充满自信的声音让我感受到了学生的成长。今天的课堂充满趣味，孩子们也一直在活动着、体验着，兴致特别高。

（浙江省永康市大司巷小学　卢笑影）

【活动参考资料】

用比赛来提高整理书包的速度

养成良好的学习习惯实在是学业成功的重要保证，所以要使小学生从小养成“自己的事情自己做”、“今日事今日毕”的习惯。当孩子背着书包跨入一个崭新的天地时，他们是多么兴奋，他们对什么都感到好奇，什么都想试着做。我们应该抓住他们的兴奋点，适时地放手让他们自己去做。教师应该教会学生自己整理书包，培养学生做事的条理性。刚开始，学生可能动作慢些，书包整理得不太理想。这时，教师千万不可看不顺眼，应该抱着赞赏的态度说：“你很能干，到底是个小学生了！”孩子受到表扬，劲头儿就会更足。教师还可以用比赛的方法来提高学生整理书包的速度。如，印发一张表，上面写有日期，然后，请家长每晚记下当天孩子整理书包所用的时间，看看是否一天比一天快了。再看看一周内有无少带学习用品的现象，如果没有，教师可在表格的后面奖励学生一面小红旗。这样坚持一个月，学生一定能够养成自己整理书包的习惯。像这类学生稍作努力就能够办到的事，如，包书、整理自己的课桌等，教师只需稍作指点，不时加以鼓励，放手让学生用自己的双手去办，一定能收到意想不到的效果。

［钟志农：《心理健康教育课教师指导手册（小学分册）》］

◆ 活动模块二

培养习惯

阶段目标：

继续培养小学 1 ~3 年级学生良好的学习习惯与行为习惯，让学生进一步适应学校生活。

适用年级：

小学一、二年级，以一年级（下）学期为主。

活动专题 7

我能“作业写得快”（勤学）

【活动参考目标】

1. 了解与理解

（1）懂得要从小培养自己良好的学习习惯。

（2）初步了解时间是宝贵的。

2. 尝试与学会

（1）尝试评估自己在完成作业过程中的好习惯与坏习惯。

（2）尝试在规定时间内完成某项学习任务。

（3）教师尝试在日常的课堂练习中加上“时间限制”，以提高学生写作业的效率。

3. 体验与感悟

（1）初步体验在规定时间内完成某项学习任务所带来的紧迫感。

（2）感受按时完成作业甚至提前完成作业带来的成功的喜悦。

【活动参考课例】

快乐的作业“快枪手”

——我能“作业写得快”

活动理念

学生刚入学不久，往往会遇到一些干扰学习的不利因素，本活动设计以培养学生良好的学习习惯为出发点，以解决学生写作业拖拉的问题为主要内容，通过情景体验、尝试活动、讨论分析等多种形式，让学生明白要从小培养自己积极的学习态度和良好的学习习惯，并初步了解时间是宝贵的，进而改变写作业拖拉的状况。

活动准备

多媒体课件；作业纸；教师提前准备作业“快枪手”奖状、喜报。

活动过程

一、团体热身阶段：小猴拉拉

小朋友，你们喜欢听故事吗？今天就让我们一起走进美丽的大森林，看一看小猴拉拉的故事吧！

1. 情景剧《做事拖拉的小猴》

一只小猴做事情总是拖拖拉拉，“拉拉”这个名字就这样流传开了。

小猴究竟怎么拖拉？从出生时说起，不知道为什么，小猴到该出生的日子还不出来，在妈妈肚子里磨蹭了三天，才拖拖拉拉地出来！他不像别的小猴，来到世界后先叫几声，他不，拖拖拉拉，直到第二天早晨才嘀咕了两嗓子。

“老师，我还没做完，我明天交卷子行吗?”小猴很贪玩，不停地摆弄自己的尾巴，考试时间就30分钟，他怎么能做完算术题?

谁也不知道拉拉是怎么想的，妈妈的督促，老师的教诲，他就是听不进去，拖拖拉拉的毛病始终不改。

这不，大地震了。山摇地动，山石坠落，树木倒地，森林动物大逃亡。拉拉呢？东瞧瞧西看看，不紧不慢。突然，“轰隆隆”一声响，地面裂开了个口子，拉拉一声尖叫，被地缝吞噬。这时候，他才感觉到害怕，他蜷缩身体翻滚着坠落，“啪!”落在一块突出的巨石上。

“救救我！救救我!”拉拉又蹦又跳，又喊又叫，尾巴扫来扫去。结果，这块巨石是地缝的小舌头，它被拉拉弄得很痒，剧烈地咳嗽了一声，把拉拉给喷了出去，拉拉幸运地脱险了!

现在，拉拉已经有了自己的孩子。他早已改掉做事拖拉的毛病，不仅不拖拉，而且像长了翅膀似的，山那头有事，吆喝一声，声音未落，拉拉就一准到达现场。

2. 七嘴八舌说拖拉

小朋友们，看了小猴拉拉的故事，你们想想，做事拖拉有什么害处？

3. 教师点评

做事拖拉坏处多多，关键时刻拖拉，还会有生命危险，这可不行。在学习中，我们也要告别“小拖拉”，不然以后就会问题多多。

二、团体转换阶段：宝贵的一分钟

1. 宝贵的一分钟

时间是非常宝贵的，一分钟时间说长不长，说短不短，都能做些什么事呢？（课件展示）

喷气式客机一分钟能飞行 18000 米；

高速火车一分钟能开 1980 米；

铅笔厂一分钟能制造 1600 支铅笔；

银行工作人员一分钟能数 300 张人民币。

2. 尝试体验一分钟

（1）一分钟口算。

（2）一分钟写字。

（3）一分钟跳绳。

3. 教师点评

孩子们，在这么短的一分钟时间里你们能完成这么多事，真不错！相信你们做作业时也能抓紧每一分钟，都能做一个快乐的“快枪手”！

三、团体工作阶段：智斗“拦路虎”

1. 一封来信

我们都愿做一个快乐的“快枪手”，可是，有一位同学很不快乐，为什么呢？让我们一起来看看吧！

娟子姐姐：

我是一名一年级的学生，每天上学时，我都会觉得很不快乐，因为老师布 zhi 了很多课堂作业、家庭作业，我都不能按时完成，我很 fan nao。

林林

×月×日

看了林林的来信，大家能从他的信中看出他不快乐的原因吗？

（学生交流）

到底是什么原因导致他写作业拖拉，不能按时完成呢？让我们去看看林林在学校里一天的生活吧！

（课件展示）

镜头一：燕燕和林林是同桌，上课了，燕燕专心听讲，林林却在一旁偷偷看漫画。老师讲完新课，布置作业，同学们埋头做起作业来，林林却手忙脚乱地在书包里找作业本，好不容易找到了，才写了几个字就又在一旁摆弄起橡皮来。

镜头二：时间就这样悄悄地流逝了，转眼快到放学时间了，林林着急地翻开作业本，开始应付，可是又被题目给难住了。抄同学的吧，又没有一个同学答应，林林束手无策，开始发呆。

镜头三：放学了，燕燕和其他同学背着书包高高兴兴地回家了，一边走一边兴奋地说："今晚有动画片，我们得抓紧时间做完作业，好看电视！"而林林呢？愁眉苦脸地坐在座位上，桌子上摆着没有完成的作业，天越来越黑了……

同样的作业，同样的时间，为什么燕燕能按时完成，而林林却做不到呢？我们来帮林林找找原因吧！

（小组讨论，同学发言）

2. 智斗学习"拦路虎"

小朋友，也许你们在做作业的过程中也遇到了像林林这样的烦心事，让我们也学着找找自己身上的原因吧！

（1）小组交流：写作业时的"拦路虎"有哪些？

写作业拖拉，等到非交不可时才去做；

边做作业边吃零食或边看电视；

没有复习老师当天教的内容就急于做作业；

放学回家先玩够了，才赶着做作业；

对自己做完的数学题不放心，总想和别人对答案；

边做作业边竖起耳朵听大人谈话，时不时还插上几句。

（2）全班分享：面对这些“拦路虎”，你准备用什么绝招来战胜它？（教师随机奖励“笑脸”卡片）

小朋友们真棒！不仅帮助自己和身边的伙伴找到了写作业拖拉的原因，还指明了今后努力的方向，让大家受益匪浅，请大家用热烈的掌声为自己鼓掌。

四、 团体结束阶段： 评选作业 “快枪手”

1. 评选作业“快枪手”

（1） 小组评选。

如果你已经做到了每天写作业都不拖拉，就可以被光荣地评选为快乐的作业“快枪手”。

（2） 教师颁发奖章。

教师颁发奖章，并宣布将给家长发喜报，“快枪手”自己也可以给自己一个小小的精神奖励，例如，延长看动画片的时间，吃喜欢吃的东西，享受妈妈的拥抱……

（3） 教师小结：学习可以是快乐的，成长的道路上有阳光，有风雨，有快乐，也有烦恼，我们要学会笑着完成每一次作业，笑着面对每一次考试，笑着度过每一天。

2. 放飞快乐

小朋友们，让我们拿起这张彩色的纸，把它折成一架纸飞机，让这架纸飞机带着自己的幸福与快乐自由飞翔吧！

活动反思

上完这节心育活动课后，对学生作业习惯的调查结果却深深地印在我的脑海中，怎么也挥之不去。养成良好的作业习惯真的那么难吗？在平时的教学生活中，有一件事是最让老师们郁闷的：每次交作业，班内或多或少总有学生不交作业，交作业的学生当中也有一些是应付了事的，态度认真且完成质量高的学生仅占少数。作业不仅让老师郁闷，学生也痛苦地在题海中挣扎，他们渴望自由，渴望在轻松欢乐的学习环境中放飞心灵。面对这种矛盾，教师应如何解决呢？

生活经验告诉我们，如果我们被要求去做一件自己所不愿做的事情，诸如在病房躺一个小时，即使不打针不吃药都会觉得如坐针毡。原因不在于所花费的时间与精力的多少，而在于内心的感受。那么我们为何不在学生做作业的主观意愿方面下工夫、努力变负担为享受呢？“让写作业成为一种享受，学生就会爱上写作业。”做一件自己喜爱的事情，你还用担心学生磨蹭拖拉吗？

老师应学会鼓励学生感受“快写作业”的好处。安排学生在规定时间内完成作业，然后适时表扬写作业速度慢，但是有进步的学生，增强他们做作业的自信心。这样做有利于培养学生快速做作业的习惯。在学生做完作业之后，再安排他们做一些适当的游戏。这样，学生就会感到，作业完成之后还可以做一些使自己愉快的事情，给自己一些“奖励”，这样慢慢就会养成按时完成作业的良好习惯了。

（浙江省武义县壶山小学　周美娟）

【活动参考资料】

习惯宛如人的第二天性

习惯的形成，有一个必要的条件，那就是一项动作的重复出现。可以成为习惯的活动，从无意识的、非自主的动作到有意识、有知觉的活动，只要反复出现于同样的方式下，这种方式便可能定型，成了习惯。而习惯一经形成之后，便很难改变，这可以说是习惯的特征，也就是詹姆斯所说的，在中枢神经构成了一条只能外泄、无法进入的通道。所谓只能外泄，便是经由中枢神经到达运动神经而形成的行动，只有一种方式，除此之外，别无其他道路，所以才有了定型；所谓无法进入，可以说凡是这项反应，既然已经有了定型的宣泄方式，便不必再经过中枢神经，成为实际上的习惯性活动，不再经过意识，会自然地表露出来，而成了无意识的活动。习惯的胶着性在于此，难以改变的原因也在于此。

由于习惯的这项特性，使得人们认为习惯是人的第二特性。这意味着习惯具有和天生的性质一样的力量，在形成之后，就成为了人品质中的一部分，宛如生来就是如此的一般……即心理学中所说，学习获得的内在化。到了内在化的境地，习惯和这个人便不能分割了。

正因为如此，人对于经常出现的行为，在一开始的时候就需要注意，以免形成某种习惯而难以改变，教育中尤其应注意这个事实。

（贾馥茗：《教育的本质——什么是真正的教育》）

活动专题 8

我能“分清‘借’和‘拿’”（知耻）

【活动参考目标】

1. 了解与理解

（1）懂得向别人“借”东西与私自“拿”别人东西的区别。

（2）懂得如果自己喜欢某一件东西，可以通过正当的途径去借用。

（3）懂得“借”东西的基本原则。

2. 尝试与学会

（1）尝试在出现想私自拿走别人东西的念头时，用“语言自我调节”来控制自己的行为。

（2）尝试在出现想私自拿走一样东西的念头时，进行自我阻止，改为说一句请求“借用或分享”的话。

（3）学会在请求“借用或分享”的要求被拒绝时，“延迟满足”。

3. 体验与感悟

（1）体验如果自己心爱的东西被别人偷偷拿走了会有怎样的心情。

（2）感悟“不是自己的东西，得到了也会让内心感觉不安”，而内心“满足就是最大的快乐”。

【活动参考课例】

这不是我的东西

——我能“分清‘借’和‘拿’”

活动理念

小学1~3年级学生考虑问题不周到，而且往往以自我为中心。平时会出于喜欢和需要而随便拿、随便翻别人的东西，以为自己先拿去看一看，用一用，然后再还给人家没有什么不对。甚至也不排除“忘记归还”的可能性，这样便给同学之间的关系和班级的风气带来了不良影响。虽然孩子们的这种“拿”和“忘”有别于“偷”的行为，但是长久下去，对他们的身心发展将是很不利的。因此，这节心育活动课重点引导学生体会这种不经意地占有他人物品行为的不当之处，并让他们学会正确分清“借”和“拿”的界限。

活动准备

课件；课前了解班里有关情况。

活动过程

一、团体热身阶段：猫和老鼠

1. 游戏：“五只小老鼠”

（教师带领学生做手指游戏）

小老鼠在哪儿？（教师把拳头藏在身后）

吱吱，吱吱，吱吱！（东张西望状）

他们从墙边的洞里出来了。（教师拿出拳头）

一只、两只、三只、四只、五只！（把手指一根根举起来）

一只小老鼠在门后偷看，（用另一手指向大拇指）

一只小老鼠偷偷吃着蛋糕，（指向食指）

一只小老鼠没有动静，（指向中指）

一只小老鼠偷走了一块奶酪，（指向无名指）

一只小老鼠突然听见小猫打喷嚏，（指向小指）

阿嚏！（全体同学大声喊）

小老鼠都逃走了！（把手指收拢，藏到背后）

2. 提问

小老鼠为什么都逃走了？

小老鼠经常偷吃、偷拿人家的东西，大家都不喜欢它们。那么不是你的东西，你会随便拿吗？（揭题：这不是我的东西）

二、 团体转换阶段： 小松鼠乐乐的故事

1. 听故事第一段

随便拿别人的东西还会导致哪些不好的后果呢？下面让我们来听一个小故事。

小松鼠乐乐活泼聪明，很会摘松果。秋天到了，乐乐想摘一些松果藏在树洞里过冬。一大早，乐乐就出发了。啊，松果那么大，那么香，又那么可口，乐乐摘了一个又一个。哎呀，自己的口袋太小了，怎么办呢？忽然他想起来，小熊维尼住在不远处，去找找小熊维尼，看看他家有什么东西。小松鼠乐乐来到小熊维尼家，敲了敲门，里面没人答应。他发现门口有一个大水桶，刚好可以让自己装松果，于是就顺手把它拿走了……

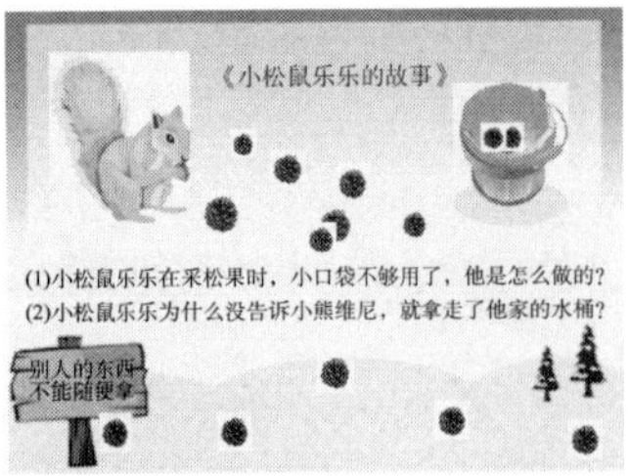

师生讨论（PPT 出示讨论题）：

小松鼠乐乐只顾自己的需要，随便拿走了别人的东西。他这样做的后果是什么呢？请大家往下听。

2. 继续听故事第二段

乐乐拿走小熊维尼家的水桶后不久，在家睡觉的小熊维尼醒了。她开始做饭。哎呀，不小心火烧到灶口外面来了。小熊维尼想起了门口的水桶，想用它盛水来灭火。可是，可是，水桶哪里去了？看着火越来越大，小熊维尼越来越心急，大声喊："谁拿了我的水桶？谁拿了我的水桶？"……

（1）乐乐拿走了小熊维尼家的水桶以后，小熊维尼家发生了什么事？

（2）小熊维尼为什么越来越心急？

（3）乐乐该不该随便拿走这个水桶？为什么？

（4）教师点评：随便拿走别人的东西，会使东西的主人要用时因为找不着而着急，造成麻烦，耽误事情。因此，别人的东西不能随便拿。

3. 继续听故事第三段

乐乐知道错了吗？他后来又是怎样做的呢？咱们继续听故事第三段。

小松鼠乐乐也听见喊声了，连忙拎着水桶赶来。一看，厨房着火了，立即和小熊维尼一起用水桶盛水，救火。经过努力，火终于扑灭了。乐乐看着惊吓过度的小熊维尼，不好意思地说："对不起，小熊维尼，我不该随便拿你的水桶，害得你差点没有了家。"小熊维尼说："好了，好了，我已经原谅你了。下次可不能再随便乱拿别人的东西了。"

（1）小松鼠乐乐听到小熊维尼的喊声后，是怎么做的？

（2）为什么乐乐要道歉？

（3）教师点评：随便拿别人的东西是不对的，知道错后，应该立即道歉，争取得到别人的原谅。

三、 团体工作阶段： 怎样向人借东西

1. 学一学

小松鼠乐乐摘松果时，确实需要一个装松果的东西。他看到小熊维尼家的水桶以后应该怎么办呢？

（学生发言）

应该和小熊维尼商量一下，问能不能借用。那么该怎么说话呢？你能教

教乐乐吗？

（小组内分角色练习用借用的语气来说话。如：“小熊维尼，我想借你的水桶装一下我的松果，用完了马上还给你！可以吗？”）

如果确实需要用别人的东西，必须要得到主人的允许，而且用完后还要及时还给人家，以免人家着急，给人家添麻烦。

听了小松鼠乐乐的请求，你们猜小熊维尼会怎么说呢？

（教师模仿小熊维尼的话：“不行，水桶太重了，你用起来不是很方便。再说，万一我家里要急用时，没有水桶就麻烦了！”）

乐乐听了这话该多难过啊！你们觉得小熊维尼该怎么说才好呢？

（角色扮演：看到乐乐有点失望，小熊维尼说：“别急，我会给你找找更合适的用具的。”）

教师小结：你看，这水桶不能随便乱拿。但是，由于小松鼠乐乐会正确地表达自己的请求，他的困难，小熊维尼也是很乐意帮他解决的。

2. 练一练

又一个晴朗的午后，小松鼠乐乐路过小熊维尼家。看到小熊维尼在家门口晾晒着一些东西，其中还有一个布袋，正合适装松果。乐乐想，我多想把它带到家里去啊，那样的话，每次摘松果的时候，我就不愁没有地方装了，于是，他伸出了手……

同学们，你们猜小松鼠乐乐有没有因为喜欢这个布袋而直接把它带回家呢？

那么，猜猜看小松鼠会对自己怎么说呢？

角色扮演：“这个布袋是小熊维尼的，我不能拿。我可以问问她，哪里买来的，我也去买一个。”（同桌互换角色练习两遍）

3. 辨一辨

现在，老师要来考考你们了。请大家看一看，分辨一下哪个行为是对的，哪个行为是错的。

教室里，一个女孩看见同桌的笔很漂亮，就自言自语：“等丽丽回来，我借来用一用。”

课堂上，一位同学看见同桌的笔很漂亮，心想：“她的笔真漂亮，趁她不在时我一定拿来看看。”

（学生小组内讨论）

4. 想一想

（1）出示情境。

小芳：明明向我借了一本书，说好前天还的，都已经过了两天了，还没还，我很生气，以后不借给他了。

小伟：我借给了东东一本书，他还给我的时候，有两页破了，我下次才不借给他呢。

从他们的生气的语气中，你听出了什么意思呢？

（2）教师点评：向别人借东西时，不仅要得到主人的允许，用完后还要及时归还，要保管好，损坏了还要赔偿。

四、团体结束阶段：这不是我的东西

1. 谈感受

同学们，上完这节课后，你懂得了什么道理呢？

（学生分享）

2. 分享一首小诗

别人的东西

别人的东西
再好，也不是我的
如果需要
我可以向他借
如果喜欢
我应该问他从哪里买来
反正
我不能把别人的东西藏进自己的口袋
因为，

我是个懂羞耻的好孩子

别人的东西
我借来了
我要好好爱惜
不能弄脏或弄坏
并在说好的时间里还给他
如果，
我不小心损坏了
我一定要赔给他全新的
因为，
我是一个守信用的好孩子

活动反思

在现实生活中，不少孩子有过随便拿、随便翻别人东西的现象。出现这种现象大致是由这一年龄段的儿童的年龄特点决定的。从心理上讲，儿童一般是由于喜欢别人的东西，或是眼前急需要的东西别人有而自己没有，或是对别人的物品比较好奇，才去动用别人的东西。他们往往从自己的需要出发想问题，只顾自己，不顾他人，很难想到自己随便拿了别人的东西，会给别人带来哪些不良后果。这种行为虽然不同于“偷”，但也是一种很不好的行为。

本课根据学生的年龄特征提出了明确可行的活动目标，设计了层次清晰的活动环节。首先，通过让学生听小松鼠乐乐的故事，引导学生体会到随便拿别人的东西是多么的不合适。然后引导学生思考，如果别人拥有的东西确实是自己所需要或特别喜欢的东西时，该怎么办。针对生活中的实际情况，本活动课采用角色扮演的途径来对学生进行必要的社会交往能力培养。需要借用他人东西时，要用借用的语气来说话；看到喜欢的东西时，应用正确的想法来制止随意拿走的行为，这是本节课的行为目标，从学生的反馈看来，操作并不困难。接下来，通过辨析别人行为的对错，关注别人为什么生气等实际事例，使学生对所学知识进行实际运用的同时，也了解了借用别人东西时一些必须遵守的原则。

最后的小诗是对全文的总结，也是如何正确对待别人的东西的行为指导。

（浙江省宁波市曙光小学　吴望舒）

【活动参考资料】

要培养孩子善于扪心自问

把弄脏的墙重新刷白了，这很容易，而被不公正玷污了的心灵将终生伤痛，如果这个心灵没有变得冷酷，也没有养成卑鄙和伪善的习惯的话……凡是从小就学会隐藏脏手的人，到了成年时期，很可能为保全自己的一条命，而把同伴推向深渊。有人做了一点点坏事，便躲躲闪闪，逃避责任，也不感到问心有愧……这种人会成为潜在的恶棍。

做坏事的人，往往是从一点小事上开始的，而正是由于一个人干了点坏事（起初并不严重），没有受到惩罚，有了第一次，才变得从内心深处放纵起来……要教人严格要求自己、培养善于扪心自问，形象地说，要在少年心灵中树立一个理想的人，这个人好像总在一旁看着我，一切他都看得到，而且从不放过我的任何一点过错。

（苏霍姆林斯基：《怎样培养真正的人》）

羞耻心比外在的惩罚更有力

在一个人感到羞愧的时候，才会产生严格要求自己的愿望。当一个人在为自己不体面的行为感到羞耻的时候，他会想到别人在这一瞬间在看着他，感到有一个理想的人在自己的心灵之中。羞耻往往比来自外界的最严厉的惩罚更有力，因为这是用自己的良心去惩罚自己的良心。培养孩子有羞耻感，这是每位老师需要掌握的一个魔杖。我相信，这根魔杖也恰恰是父母手中的一个强有力的工具。

（苏霍姆林斯基：《怎样培养真正的人》）

活动专题 9

我能“出口不伤人”（和悦）

【活动参考目标】

1. 了解与理解

（1）能够理解受到言语攻击的同伴的内心感受。

（2）能够分辨伤害别人的语言表达方式与受人欢迎的语言表达方式。

2. 尝试与学会

（1）尝试模仿受人欢迎的语言沟通模式。

（2）尝试运用表示尊重的语言表达方式与同伴进行交流。

3. 体验与感悟

（1）在模拟情境中体验“爆粗口”的语言表达方式给他人造成的伤害，并能从中吸取教训。

（2）在与同伴的积极、正向交流中体验到相互尊重的快乐。

【活动参考课例】

快乐的回音谷

——我能“出口不伤人”

活动理念

一年级的学生由于年龄尚小，进入小学时间又短，在人际交往中还缺乏正确的语言表达技巧和良好的交往能力。在与同伴发生矛盾时，不善于和对方交流感受，如果受了委屈，不是哭鼻子，就是跟同伴吵架、打架。这不仅影响到他们现实中的人际关系，而且也会给他们适应社会带来困难。

本次心育活动从学生的生活实际入手，通过对比、角色扮演等方法让学生体验不恰当的语言表达方式给他人造成的伤害，初步学会用积极的正面的交流方式表达自己的想法。

活动准备

卡片；多媒体课件；每个学生一张作业纸。

活动过程

一、 团体热身阶段： 回音律动

1. 山谷回音

（教师出示课件）今天，老师想带同学们到一个神奇的地方——山谷。让我们仔细地听，山谷里都有哪些有趣的自然现象？

（学生欣赏）

山谷里有哪些有趣的自然现象呢？山谷回音是什么样的呢？

2. 游戏："回音谷"

现在我们这间教室就是一个大山谷，我们一起来玩一玩怎么样？

（1）教师对着山谷说话，全体学生做"回音"。

（2）请一名学生对着山谷说话，其他学生做"回音"。

（3）同桌两人互做"回音"。

二、 团体转换阶段： 快乐谷和伤心谷

1. "快乐谷"

（1）出示情境。

有一个山谷，里面住着很多人，在这个山谷里经常能听到欢声笑语。这是为什么呢？

（大屏幕出示图片）

（2）学生分组讨论。

（3）教师小结：因为每个人说话的时候都很客气，语气很温和，所以他们相处得很好，过得很快乐！（出示卡片：客气　温和）

2. “伤心谷”

（1）出示情境。

还有一个山谷，里面也住着很多人，可是在那个山谷里却经常听到吵架声，那又是为什么呢？

（大屏幕出示图片）

（2）学生分组讨论。

（3）教师点评：这个山谷里的人说话时很粗野，经常取笑别人、说脏话，所以大家都相处得很不好，过得不快乐。（出示卡片：取笑　讲脏话）

三、团体工作阶段：你喜欢住在哪个山谷？

1. 选择山谷

你喜欢住在哪个山谷里呢？为什么？

2. 过关进谷

想住到“快乐谷”，必须要过三道关，同学们有信心吗？

（1）第一关：我会选。

（学生思考后将笑脸粘在正确选项的前面，然后集体交流，说出恰当的选项）

第 1 题：我不小心踩了小东一脚。

①我说：“对不起，我不是故意的。”

②我说：“谁叫你把脚伸出来的，活该！”

第 2 题：小军说话结结巴巴的。

①我说：“别急，慢慢说。”

②我说：“快点！”

第 3 题：我发现小强没做值日。

①我说：“你干吗不做值日?!”

②我说：“小强，今天你做值日，可不要忘了哦！”

第 4 题：小文不小心把汤洒到了我的桌上。

①我说：“干吗呀你?”

②我说：“擦一下就好了，没事的。”

（2）第二关：我能说。

（出示“伤心谷”的上述三幅情景图）大家两人一组，想一想、说一说、演一演，可以再加点对话，让“伤心谷”的人也快乐起来。

（教师请几组学生上去表演）

（3）第三关：我会猜。

（教师讲故事）

我读小学一年级的时候，班上有个女孩叫小红，很喜欢跳舞。但有一天她放学回家后，跟她妈妈说：“我不想学跳舞了！”原来有个同学跟她吵架了，然后嘲笑她说：“小胖猪还学跳舞，扭来扭去的真是太好笑了！”大家猜猜她后来怎么样了？是的，她很伤心，也没有了自信，放弃了学跳舞。后来六一儿童节时班里要排练舞蹈，音乐老师发现她跳得很好，对她说：“你的动作美极了！看你跳舞真是一种享受！”后来怎么样了？是的，她又有了信心，于是刻苦学习，舞跳得越来越棒了，现在成了一名舞蹈老师。

听了这个故事，你有什么想说的？

3. 教师点评

客气、态度温和、不取笑别人、不说脏话，多想想“要是别人这么说我会怎么样”。

四、团体结束阶段：快乐的回音谷

（播放歌曲《山谷回音真好听》，将歌词“啊啊啊……”改成“早上好！”“你真棒”等，师生围成圈边唱边跳）

其实我们的班级、学校好比回音谷，你对别人友好，别人也会对你友好。愿语言文明之花绽放在每个人的心中，愿我们每天都生活在“快乐的回音谷”中！（教师贴上课题：快乐的回音谷）

活动反思

本节心育活动课以“快乐的回音谷”为主题，使辅导题目聚焦在团体上，导向更具指向性和积极性。所用素材来自学生学习和生活实际，所以学生有体验，有话说，感悟较深。

我在操作过程中感觉热身游戏与主题导入衔接得很连贯，前者为后者服务。热身游戏“回音律动”，不仅仅是为了激发团体动力而做游戏，而是通过做游戏让学生感悟到与他人积极的、正面的交流所带来的相互尊重的快乐，让学生亲身体验“原声”与“回声”的关系，在增加课堂趣味性的同时，又隐喻了个人与他人交往的关系。

心育活动课的活动流程设计要尽量简洁而不简单。我将之前的活动设计经过整合、调整，用“快乐谷”和“伤心谷”将整个活动串起来，贯穿于整个活动过程，用学生喜欢的情境组织学生讨论、表演，课堂氛围轻松、愉快，学生参与热情高。

不足之处是，在“我能说”环节中，我请几组学生上台表演，发现一些坐在下面的学生有点坐不住了，这时我是不是可以让其他学生带着任务看？如，听一听，你觉得他们的话里有哪些词用得比较好？也可以请个别学生在座位上补充自己的想法。反馈的形式再多点，学生参与的面就会更广、积极性也会更高。

（浙江省宁波市朱雀小学　陈蒙盛）

【活动参考资料】

口者，心之门户也

如果说“倾听”是一种接受，是在诚恳和耐心中显示态度的行为，那么，“说话”就是一种表达，是在真诚和热情中，显示风度的行为。在此，倾听的态度需要一种修炼来支撑，说话的风度则更多地需要一种素养来呵护。

那么，为什么说话与人的素养有关呢？从表面上看，说话时的神情、语态只是一个人的习惯，或者说是一个人的个性特征的表现，但之所以有人表现得沉稳，有人表现得急躁；有人表现得畅达，有人表现得拘谨；有人表现得礼貌，有人表现得随便……却是取决于一个人的教养和文明程度的。何况，因为说话的对象、场合、内容各有不同，也需要适时而恰当地做出选择和调整，这又怎能不关涉一个人的智慧呢？所以，对初涉人世的少年儿童来说，学会说话就要与学会共处相联系，学会说话是学会与人共处的重要内容。

（金大陆，黄洪基：《学会共处》）

活动专题 10 我能“如厕讲公德”（良心）

【活动参考目标】

1. 了解与理解

（1）了解大多数人的赞扬或批评往往是我们日常行为对错的标准。

（2）初步懂得一个人做事情必须讲公德才能够不被大多数人所厌恶。

2. 尝试与学会

（1）学会在课间上厕所时保持厕所的清洁卫生、爱护厕所的公共设施。

(2) 学会分辨在校内其他公共场所对待公共设施的良好行为与恶劣行为，并能从善而行。

(3) 学会分辨在校外公共场所对待公共设施的良好行为与恶劣行为，并能自觉从善而行。

3. 体验与感悟

(1) 从自己曾经做过的有违公德的行为中感受到内心的自责。

(2) 体验遇事讲公德、讲良心对于约束自己不良行为的巨大力量。

【活动参考课例】

我的行为人人夸

——我能“如厕讲公德”

活动理念

学生每天到学校后不一定会进办公室，但一定会进的重要场所之一就是公共厕所，尤其是刚迈入一年级的学生，最需要解决的问题，就是学会在公共厕所里正确、文明地如厕。本次心育活动的目的旨在通过学习，引导学生学会“如厕讲公德”，时时注意不要因为自己的不当行为而给别人带来不便，并由此进一步懂得，在各种公共场所中，都应该顾及他人利益，爱护公共设施，不破坏整洁美观的公共环境，不给别人使用公共设施造成麻烦，在校园、社区和其他生活场所中，都能自觉从善而行。

活动准备

课件、检测表；准备舒缓的音乐。

活动过程

一、团体热身阶段：我们动作都一样

1. 游戏规则

一会儿我们要模仿很多动物的动作，每个小朋友都要努力做到动作和大

家一个样。

2. 投影出示儿歌和动作要求

我们像只兔子——蹦呀蹦呀蹦！（教师示范：用双手做出蹦跳的动作）

我们像只小狗——跑呀跑呀跑！（教师示范：用手指做出跑的动作）

我们像只大象——走呀走呀走！（教师示范：甩胳膊做出走的动作）

我们像只青蛙——跳呀跳呀跳！（教师示范：踮脚尖做出跳跃的动作）

我们像条金鱼——游呀游呀游！（教师示范：用手做出游的动作）

我们像只小鸟——飞呀飞呀飞！（教师示范：用胳膊做出飞的动作）

我们是个小学生——小手放呀放呀放腿上！（教师示范：双手放腿上）

我们大家都一样——守呀守呀守规则！（教师示范：有节奏地拍手，然后伸出两个大拇指向前方推出）

3. 开始做游戏

做完游戏后，教师评价，强调大家都要守规则。

二、 团体转换阶段： 小东如厕有麻烦

1. 出示卡通图片

同学们，有一位小朋友名字叫小东。这几天他愁眉苦脸的，身边的小朋友都不愿意理睬他，因为小朋友都说他在公共场所是个不文明的孩子，说他上公共厕所不讲公德，把尿尿在便池的外面。小东犯糊涂了，这个厕所天天去，怎样做才叫文明上公共厕所呢？又该如何做个有公德心的孩子呢？今天，老师将和我们小朋友一起去探索如何做个有公德心的好孩子。

2. 我能判断对与错

（1）出示投影图片。

同学们，在我们的校内校外的公共厕所周围，经常出现这样的画面（如下图），你们觉得他们的做法对吗？

（2）分组讨论，全班学生交流感受。

3. 教师点评

是啊，随地小便、奔跑如厕、乱涂乱画这些行为在我们的校内校外随处可见，这里就有小东的身影。谁能告诉小东，上公共厕所时要注意遵守哪些公德呢？

三、 团体工作阶段： 公共场所守公德

1. 如何正确上公厕

（1）（播放教学示范影片《便便大作战》）请大家观察影片中有哪些值得我们学习的行为。

（2）四人小组讨论，看法越多越好，并由各组派代表发表意见。

（3）一起归纳使用公共厕所的正确行为（PPT 课件展示）：

排队时要遵守秩序，不要争先恐后；

在厕所外面排队时，要等有人出来后，由排头的一位先进入使用厕所；

如果厕所门关闭，要先敲门，确定里面是否有人，出来时也要轻轻关门；

男生在小便的时候要对准小便池，若在马桶上小便的话，要事先将坐垫提起来；

不论男生还是女生，在马桶上大小便之后，如果把坐凳弄脏了，要用手纸将坐垫擦干净；

便后要记得将卫生纸扔入纸篓，还要记得冲水；

便后主动洗手，轻拧水龙头，节约用水，要在洗手池上方把手擦干净，

不要甩水，手要擦干；

爱护厕所公用设施，保持厕所环境卫生，不往槽内丢杂物；

不在厕所内玩耍打闹，大声喧哗，主动宣传用厕文明，相互督促、相互检查。

2. 自我检测

（发下《我是清洁宝宝》自我检测表，学生填写后交流感受）

希望同学们能改正不足之处，学会文明如厕，互相监督，互相提醒，同做文明好儿童。

3. 校内校外讲公德

在上一个环节中，我们学会了如何文明如厕、遵守公德，会文明如厕的小朋友，一定具有公德心，也能爱护校内校外的其他公共设施。

（1）认识公共设施。

（教师出示图片）找一找，哪些是公共设施？

（2）四人小组讨论，全班交流。

交流讨论结果：公共设施有乒乓球台、公用电话亭、图书馆里的图书、班级饮水机等。

（3）正确区分个人物品和公共设施。

提问：书包、铅笔盒为什么不是公共设施？（自由发言）

归纳：不是个人使用、而是大家共同使用的物品或是设施，都叫做公共设施。

提问：你还知道有哪些公共设施呢？

4. 游戏：“我有公德心”

公共设施是为文明社会服务的，但是经常受到不公平的待遇。下面我们做个小游戏，叫做“我有公德心”。

（1）游戏规则：以四人小组为单位，观察图片（如下图），看看图片里的哪些行为举止是爱护公共设施的，哪些是破坏公共设施的，并将爱护公共设施的图片放入绿色纸筐内，将破坏公共设施的图片，放入红色纸筐内。

（2）四人小组开始游戏，教师播放舒缓的音乐。

（3）反馈游戏感受。

（4）教师点评：小朋友们，我们都看到了雪白的墙壁上，有几个小朋友不小心留下的一些小小的黑乎乎的鞋印；还有几个小朋友拿起石子，敲碎了教室的玻璃窗……公共设施遭到破坏，就不能为我们大家服务了。小朋友们，当老师说起这些的时候，你低头反思自己的“不小心”了吗？

四、团体结束阶段：小东改变了

1. 帮助小东改一改

（1）投影卡通图片：如果小东再次来到我们身边，谁能告诉他该如何成为一名讲公德的好儿童？

（2）全班交流，教师小结。

2. 拍手儿歌：《公共场所讲公德》

小朋友，讲公德，校内校外要记清：

公共厕所人员多，文明如厕我能行；

不在桌上乱刻画，挪动桌椅要小心；
一砖一墙都爱护，开门开窗手脚轻；
雪白墙壁不留痕，扶手栏杆保洁净；
公园草坪请勿踩，花草树木懂人情；
公交车上不乱挤，旅游住宿要安静；
公共场所守公德，从小养成公德心。

[附录]

《我是清洁宝宝》自我检测表

年　班　　姓名：

小朋友，我们已经学习了“上厕所的礼仪”和“上厕所的注意事项”。想一想，哪一项是“我已经做到”、“我还没做到”或者是“我会努力做到”的，请你在那一栏的“【　】”中打“√”。

上厕所的注意事项		我已经做到	我还没做到	我会努力做到
1.	想上厕所时，留意门上的男女标志	【　】	【　】	【　】
2.	先准备卫生纸	【　】	【　】	【　】
3.	人多的时候，要排队	【　】	【　】	【　】
4.	进入厕所前要先敲门	【　】	【　】	【　】
5.	确定没有人后，进入关好门	【　】	【　】	【　】
6.	将衣裤脱到刚好的位置	【　】	【　】	【　】
7.	双脚张开并可以蹲下	【　】	【　】	【　】
8.	小便时瞄准小便池	【　】	【　】	【　】
9.	大便时瞄准大便池	【　】	【　】	【　】
10.	大便后，由前往后擦屁股	【　】	【　】	【　】
11.	上完厕所，将垃圾放入桶中	【　】	【　】	【　】
12.	上完厕所，记得冲水	【　】	【　】	【　】
13.	整理服装后才出厕所	【　】	【　】	【　】
14.	上完厕所后洗手	【　】	【　】	【　】
15.	确定水龙头的水关紧才离开	【　】	【　】	【　】

活动反思

21世纪教育研究院副院长熊丙奇先生在题为“‘如厕文明’也得从娃娃抓起”一文中说，他女儿学校的校长在全校大会上讲“如厕文明”。熊丙奇认为，从校长讲话的立意看，这远比大谈理想、责任对学生更管用。校长讲“上不了台面”的如厕文明，可从育人角度说，这样的教育，才是最应该“上台面”的。

在我们学校里，学生不能文明如厕的情况不少。比如，有不少男生，下课上厕所，总到大便池那边小便，有人还喜欢把小便浇到大便池的前后分隔墙上；有的学生喜欢在厕所洁白的墙壁上乱涂乱画，有的喜欢在厕所里比赛看谁的脚印留得高。

这节课在让学生学会文明上厕所的礼仪的基础上，培养学生的公德心，并由此引申到爱护公共设施的公德心培养问题上。1～3 年级的孩子怀有很大的好奇心，许多“不小心”的破坏公物的行为确实是孩子不小心造成的。面对这样一群孩子，活动设计需要从孩子的角度去认识、思考，并探讨问题的解决方案。本节心育活动课以游戏和活动为主，让学生在活动中反思、感悟，这种形式比指责、批评更有效果，也更容易让孩子接受。

（浙江省宁波市黄鹂小学　沈　静）

【活动参考资料】

公德心实际是一种社会责任感

责任感是个性心理的主要品质，是指一个人对其所属团体的共同活动、行为规范以及他所承担的任务的自觉态度。

教师注重培养学生的责任感，使学生清晰地明了自己应当承担的责任是非常重要的。现在的学生大多是独生子女，敏感、自信、爱思考、见多识广，但又普遍有着缺乏责任心、感情冷漠、自私娇气等个性缺陷。所以，培养他们的责任心和责任感尤为重要。教师要通过集体活动，让学生理解现代社会是一个分工协作的社会。教师在班级里既要鼓励个人的创造发挥，也要强调集体的协调性；在班级外，要教育学生时刻想到“必须对自己的行为和班级的荣誉负责”，树立对己、对人、对社会、对国家的强烈责任感。

要引导学生学会对自己负责，为实现远大的志向而自尊自爱，按照社会规范检点自己的一言一行；要引导学生学会对家庭负责，理解父母的用心、体谅父母的苦心，不做对不起父母的事情；要引导学生学会对他人负责，尊重他人的人格和权利，不做损人利己的事情；要引导学生学会对集体负责，积极主动参加集体活动，勇于承担任务，维护集体的荣誉；要引导学生学会对社会负责，在社会生活中讲公德，树立环境保护意识和节约资源的观念，并坚持从我做起，从小事做起。

[钟志农：《心理健康教育课教师指导手册（小学分册）》]

良心是你行为的卫兵

一个人生活在社会里，要善于控制自己的动作、举止、行为和意图。只有当你的心灵里永远有着良心、羞耻、责任和义务的时候，你才会变成有道德的人。这就是使你具有高尚道德情操和道德素养的四个最重要的源泉。一个人从幼年起就要学会这样去生活：当你为别人做了好事的时候，你会感到好、愉快；当你做了一件坏事，遭人责备的时候，你会感到难受。一个人的良心，只有在他有羞耻心的基础上才会在人的心灵之中存在。良心，这是几倍于体验和感受的认识。良心、羞耻、责任、义务、奉献就是从这一举动中派生出来的。一个人只有在你的心灵里有良心存在的时候，良心才会成为你的行为的卫兵……

（苏霍姆林斯基：《怎样培养真正的人》）

活动专题 11 我能“对人多赞扬”（赏识）

【活动参考目标】

1. 了解与理解

（1）了解每个人都需要得到别人的赞扬，赞扬别人与得到别人赞扬都是很快乐的。

（2）懂得看到别人有不恰当行为时，应该直接加以劝阻；当别人改正错误时，应该立即给予由衷的肯定。

2. 尝试与学会

（1）学会具体地赞扬别人做过的一件好事或一个良好的行为。

（2）尝试学习如何直接劝阻同学的错误行为，当对方的错误得到纠正之后立即予以赞扬。

3. 体验与感悟

（1）体验被别人赞扬的快乐。

（2）感悟赞扬别人也会给自己带来快乐的道理。

【活动参考课例】

学会说“你真棒！”

——我能“对人多赞扬”

活动理念

作为班主任，我经常会听到孩子们的“告状”，特别是每天中午“七彩评分”时间，原本是针对孩子一天的情况进行评比，然而在评比过程中，却成了孩子们的“告状会”，你揭发我，我指责你。我们觉得这个评比氛围对孩子的成长很不利。如果教师引导他们说说所看到的好人好事时，原本举起的小手，却一个个都放下了，大家都不说话。这里面的原因是低年级学生对自我评价是相当模糊的，他们主要还是通过教师、他人的评价来逐渐确定对自我的评价，所以他们会采取“告状”的办法，来引起教师对自己的正向注意。因此，本节心育活动课要引导孩子们更好地发现他人身上的优点，学会如何真诚地赞扬他人，并能感受到赞扬他人和被他人赞扬都是一种快乐。

活动过程

一、 团体热身阶段：兔子舞

1. 游戏规则

将全班分为几个六人小组，每个小组排成一队；小组中，后面一位同学双手搭在前一位同学的双肩上；教师随着音乐的节拍喊出动作指令：左二（左脚跳两下），右二（右脚跳两下），并前（双脚合并、向前跳一下），并后（向后跳一下），开前（两脚开立、向前跳一下），开后（两脚开立、向后跳一下），等等。

2. 跳兔子舞

3. 评价

（1）让学生说说谁跳得好，为什么说他跳得好。

（2）让受表扬的学生说说自己的感受。

二、 团体转换阶段：跑步事件

1. 情境再现

（出示图片，右图）学校开秋季运动会，操场上正进行着一场激烈的长跑比赛。时间一分一秒地过去，选手们之间的距离越拉越大，第一个、第二个，运动员们纷纷跑到了终点，现在场上只剩下王林同学，他满头大汗，气喘吁吁，看到别的小朋友都快到终点了，他很急也很难过，真想快点跑到终点，可是他已经非常累了。此时，一个念头闪了出来："就算此时跑到终点，我也是最后一名。"因此，他想放弃了……

你觉得王林将如何选择呢？说说你的理由。

2. 情境讨论

最终王林还是选择了坚持，尽他最大的努力向终点跑去。此时，在场下观看的同学开始议论，有一个学生说："他跑在最后，可真慢！"

你觉得这样说，对吗？为什么呢？如果当时你也在场，你会怎么说呢？

3. 教师点评

老师很高兴看到大家学会了用赞赏的眼光看王林。这儿有两句话是送给你们的：用赞赏的眼光去看别人，别人会更美；用赞赏的眼光去看世界，世界会更美。

三、 团体工作阶段：学会说“你真棒！”

1. 猜猜他是谁

有的人有这样的优点，而有的人有那样的优点，你能否根据他的优点来猜猜这个小朋友是谁呢？

小朋友们，想想你最喜欢的小伙伴有什么优点，然后请你来说一说，让大家猜一猜他是谁。

你为什么能说出他这么多优点呢？

（教师小结）老师明白了，只有会观察，才能发现别人的优点和长处。

2. 优点大放送

老师手中有一个幸运球，请大家逐一往下传，当音乐停止后，球在哪个小朋友的手上，就请这个小朋友起立，我们一起给他找优点，好吗？（活动进行两次）

（采访这两位小朋友）当听到别的小朋友为你们找出了这么多优点时，你心里有什么感受呢？心情是怎样的呢？

原来能听到同伴们的赞扬声，是这么快乐的一件事呀！

3. 活动：“神奇的苹果”

同学们，森林里有一棵神奇的苹果树，它神奇在哪儿呢？（教师演示课件，出示一棵挂满五颜六色苹果的苹果树的图片，并用鼠标逐个点出苹果，说明每种颜色的苹果代表什么样的优点）

（1）表演：“苹果树下的故事”。

有一天，小兔和小猴在苹果树下玩，忽然，苹果树说起话来了：“小猴、小兔你们好，我是神奇的苹果树，你们想拥有很多好朋友吗？那就请把我摘下来送给别人，他马上就会做你的好朋友的。”

小动物们一听，可高兴了，大家都高高兴兴地拿着苹果回家了。

第二天，小猴来到了苹果树下，生气地说：“苹果树你骗人，我把苹果送给别人，没有人和我做朋友。”

过了一会儿，小兔也来了，在他的身后，还有小羊、小鹿、小狗，他们一个个都非常高兴。

小兔对苹果树说：“谢谢你苹果树，你使我找到了很多朋友！”

（2）教师引导：一样的苹果为什么会产生不同的效果呢？老师去问了其他的小动物，这才明白了。原来小猴送苹果的时候是这样说的："小狗，给你一个苹果！""小鹿，这是给你的，拿去！"大家都说："我们不喜欢你的苹果。"那么，我们来看看小兔是怎样送苹果的。

（3）学生戴着兔子的头饰，表演小兔送苹果。

（动作和表情应该是很真诚的，语气应该是很有礼貌的，赞扬他人的内容要尽量说具体）

（4）教师引导：现在你知道原因了吗？你愿意学着小兔的样子，用真诚的举动和表情，用礼貌的语言，把你的苹果送给别人，同时也把你的赞扬送给他吗？

（5）学生把代表不同优点的色彩鲜艳的苹果送给其他人，并说一句赞扬的话。（可采用背景音乐《七色花》）

（6）交流：你得到了几个苹果？哪种颜色的苹果最多？别人主要赞扬你什么了？

四、团体结束阶段：赞扬别人是快乐的

1. 讨论

在刚才的活动中，当你送给别人苹果的时候，你觉得他的心情怎么样？当你收到别人送给你的苹果的时候，你的心情怎样？你说这些苹果神奇在哪儿呢？

（学生在小组里交流、讨论）

2. 教师小结

当我们学着用赞赏的眼光去看待身边的每一个人，去寻找他们身上的优点，并真诚地赞赏他、表扬他的时候，我们自己也会很快乐。

让我们牢记刚才说过的那句话——

用赞赏的眼光去看别人，别人会更美；

用赞赏的眼光去看世界，世界会更美。

活动反思

《学会说"你真棒"》是根据二年级孩子的年龄特征及班级中存在的实际

问题设计的一堂心育活动课。班级里爱“告状”的孩子比较多，特别是每日的“七彩评分”课，成了孩子们相互揭发、相互指责的“好时机”。因为处在这个年龄段的孩子对自我的评价是模糊的，他们对自我的认识是通过老师、同伴的评价来逐渐形成的。如果老师平时就善于发现学生优点，并及时表扬，那么对学生也是一种行为上的引导。这一节心育活动课就是根据这样一种理念来加以设计的，实施之后感觉效果良好。当然，让小学生学会赞扬别人，不仅仅是停留在学会说一句“你真棒！”上，更重要的是要让学生真正学会通过具体的事例来感受同学们身上的优点。

（浙江省嘉兴市南湖国际实验学校　周　婕
浙江省富阳市富春第二小学　郑玉兰）

【活动参考资料】

爱听赞美的耳朵人人都有

世上美好的东西是无处不在的，然而发现美的眼睛却不是人人都有的，会说赞美的语言的嘴也不是人人都有的。奇怪的是喜欢听赞美语言的耳朵人人都有。于是，我便郑重其事地提出：学会赞美！

我们的老祖宗说：“三人行，必有我师焉，择其善者而从之，其不善而改之。”这就告诉我们：要善于发现周围人身上优于自己的地方，虚心地学习，使之成为自己的优点。

确实，一个人善于发现他人身上的美，并由衷地赞美，自己的襟怀也会变得宽广。倘若一个人能发现大自然的美，他会从大自然的美中获取营养。如老舍先生爱花，从养花中获得生活乐趣，心境变得恬静高雅。同样，接受了别人的赞美，自信心倍增，心情会舒畅，会觉得天更蓝，水更清，花更香，人更亲。在这种良好的心境中学习肯定会更有劲儿，我想人人都有这种感受吧！

有位同学在电脑学习上颇有点特长，被同学们誉为“小电脑”，凡重大设计活动都由他主持。军训回来后，中队要编一本“从军日记”，将用电脑设计封面、排版的重任交给了他。为了对得起同伴的这份赞美，他通宵达旦，最后设计出不同凡响的封面，让人惊叹。

设想，如果在一个集体中，伙伴间都以诚相待，都能由衷地为同伴的每一个成功而喝彩，都能在自己的起点上努力，这个集体肯定和谐向上！

［钟志农：《心理健康教育课教师指导手册（小学分册）》］

活动专题12 我能"告别'小太阳'"（克己）

【活动参考目标】

1. 了解与理解

（1）懂得在家里，父母才是家庭的顶梁柱，自己只是家里的"小不点儿"。

（2）了解在日常的生活中，集体和国家才是"太阳"，自己只是一颗"小星星"。

2. 尝试与学会

（1）逐步学会在家庭里如何在行为表现上不做"小太阳"。

（2）逐步学会在学校里如何在行为表现上不做"小太阳"。

（3）逐步学会在公共场合下如何在行为表现上不做"小太阳"。

3. 体验与感悟

（1）在为"长辈献孝心、为同学献爱心、为公众献礼让"的行动中，体验"想到别人"带来的快乐。

（2）在亲自为他人做一点事情的过程中，感受父母长辈为关爱自己、照顾自己所付出的心血。

【活动参考课例】

心中有个“太阳系”

——我能告别“‘小太阳’”

活动理念

现在的一年级孩子多为独生子女，常常以自我为中心，不善于帮助别人，不能谅解别人，不会尊重别人，缺少集体意识。本节心育活动课旨在帮助一年级学生认识到，随着年龄的增长，应该改变过去以自我为中心的想法和行为，在家中不当“小皇帝”，在班里服从集体的需要。

活动准备

每人两张图纸；多媒体课件。

活动过程

一、团体热身阶段：游戏“爱的鼓励”

请所有学生站起来并张开双臂，同时保持水平（人与人之间空出大约一臂的距离）。

请全体学生快速拍手，然后再张开双臂。把这两个动作连续做十次，动作要快。

教师总结：相信大家都感觉良好，因为在这热烈的掌声中我们感受到了每一个人的快乐，感受到了一种爱的鼓励。

二、团体转换阶段：我家的“太阳系”

1. 出示太阳图片

（1）说说你对太阳有哪些了解。

（2）教师点评：太阳是太阳系的核心，它让世界充满光明，让地球上的植物和动物健康成长，它把自己的光和热无私地奉献给了大家。

2. 出示太阳系图片

（1）介绍太阳系。观察一下，你发现了什么？

（2）教师点评：太阳默默地为其他行星付出，其他行星都愿意围着它转。太阳真像是太阳系里的“皇帝”，行星们都听它的。

3. 画一画

说起“皇帝”，老师就想到了你们。在家里，爸爸妈妈、爷爷奶奶常常说你们是“小皇帝”。

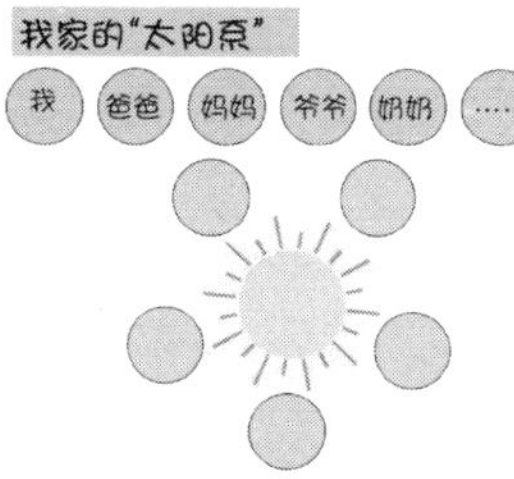

（1）（给出小朋友、妈妈、爸爸、爷爷、奶奶等人物的卡片）请你模仿太阳系的图片，把自己和家人画成太阳系的形式。

（2）学生将不同家庭成员填在相应轨道上。

4. 找找我的位置

（1）展示交流：说一说自己为什么这么填。（可能出现的情况有两类：一类是把自己放在太阳位置上，另一类是把家人放在太阳位置上）

（2）联系生活实际，找一找自己的哪些行为是以自己为“小太阳”的？

我们每个家庭都有一个小小的“太阳系”，在有的“太阳系”里，小朋友们就是最大的那个“太阳”。说说看，家里人做什么事情的时候，你像“小太阳”一样，是最大的，家里其他人一定要听你的。

（3）学生交流，全班分享。

5. 故事——《爱耍脾气的阳阳》

老师认识一位叫阳阳的小朋友，你们想认识他吗？让我们一起去听听他的故事吧（播放录音、投影）。

阳阳在一个玩具店里看见营业员阿姨拿着一个新的遥控汽车，对小朋友说：“这是新到的声控车，可好玩啦！”

营业员一边介绍一边操作这辆汽车。

阳阳想：我一定要让爸爸给我买这辆小汽车。可爸爸说：“家里的遥控汽车已经有好几辆了，不要再买了。”阳阳又哭又闹，说：“我要买新的，我要买新的。”爸爸说：“你这个孩子又发驴脾气啦！”

爸爸没办法，只好给他又买了一辆。

小组讨论：你觉得阳阳是个什么样的孩子？他的要求合理吗？为什么？阳阳怎么会成为家里的“小太阳”呢？

三、团体工作阶段：“太阳系”变了

1. 新环境，新位置

在学校和在家里有哪些不同的地方呢？你身边的“行星”都不见了，做什么事情都要和自己的同学在一起，这又是什么感觉呢？

2. 游戏：“盲人走路”

在集体中，做事情不能想怎么样就怎么样。现在，我们来做个游戏——“盲人走路”。

（1）游戏规则：全班学生分两大组，一组为游戏组，另一组为观察组。游戏组中，每两人一小组，一人蒙上眼睛当“盲人”，另一人扶着他走路。“盲人”随着音乐安静地在教室中间空地上走动，另一个人要帮助他不让他碰到其他人。碰到其他人的小组自觉退出，回到座位上。

（2）全班讨论：教室中间地方不大，这么多人在教室里走动，你觉得怎么做可以不碰到别人？

（3）播放轻柔的音乐，开始第一轮游戏，观察组学生仔细观察。

（4）游戏结束，全班交流。

采访失败的学生：为什么你们会和别人撞上？

采访成功的学生：你们是怎么做的？

采访观察组学生：你觉得怎么做才能成功，做游戏时要注意什么？

（5）教师归纳学生经验，游戏组与观察组互换角色，进行第二轮游戏。

（6）教师点评：做游戏时，我们每个人都只是其中的一分子，扮“盲人”的同学要听从伙伴的指挥，不能自己想怎么走就怎么走。我们生活在集体中，做任何事情都是如此，不能自己想怎么样就怎么样，你一个人再能干，还是会“碰壁”的。

3. 班级也是个“太阳系”

（1）每个学生都根据自己的理解来画“班级太阳系”（如右图）。

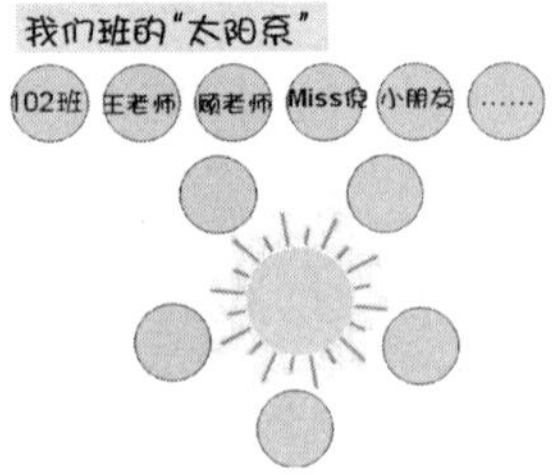

（2）班级展示交流：说说你这么画的原因。

（3）教师点评：我们班也是一个“太阳系”。班级是我们生活的地方，带给我们快乐，让我们感受到集体的温暖。班里的每一个人，包括老师们，都愿意围绕着我们班运行。

四、团体结束阶段：告别“小太阳”

1. “小太阳”告别会

（1）播放录像：《小贝在家里》。

早上起床后，奶奶要给小贝穿衣服，小贝说：“奶奶，我自己来。”

开饭了，小贝连忙摆筷子，拉凳子，和妈妈一起准备。奶奶夸小贝是个好孩子。

妈妈把切好的水果递给小贝，小贝先把大的给奶奶爷爷，再给爸爸妈妈，最后才轮到自己。

（2）说说你喜欢小贝吗？为什么？

2. 画画“小行星”

围绕班级这个“小太阳”，把自己这颗“小行星”画在图纸上。

3. 教师小结

我们每一个人都生活在班集体里，我们构成了一个整体。每一个小朋友都是这个整体里不可缺少的一部分。只有每一个人都像“小行星”一样，绕着班级这个“小太阳”转，才能让班级这个“太阳系”发挥出巨大的能量。在家里也一样，我们不能一味地任性。你总是要求爸爸妈妈一定要满足你什么，自己却不知道付出，那是不对的。我们应该和爸爸妈妈一起努力，让自己的家庭变得更幸福、更和睦。

活动反思

本课从学生的自身情况出发，以学生感兴趣的天文知识为切入口，把“小太阳”放在一个太阳系里，不说教且更容易让学生明白自己在集体中所处的位置。通过画“家庭太阳系”，让学生反思自己在家中的“小太阳”行为，让学生明白了自己在家中不能乱发脾气，不能一味地要求父母满足他们的要求；通过画“班级太阳系”，让学生明白班级是一个整体，做任何事，参加任何活动，都要为集体着想。课前、课中游戏的形式受学生欢迎，操作比较简便，效果也很理想。课中游戏时，学生通过交流—实践—再交流—再实践的过程，充分体会到齐心协力、服从整体的重要性。一节课下来，学生在画画、交流、游戏的过程中有所感悟，有所反思，有所表达，从把自己画成“小太阳”到把自己画成一个“小行星”，对自身有了更准确的认识。

（浙江省嘉兴市南湖国际实验学校　王乙敏　金小英）

【活动参考资料】

永远不能允许孩子不尊重父母

如果认为仅仅因为我们尊重孩子，孩子也会尊重我们，那么这是个错误。我相信你会想到有许多成年人不会主动将你给予他们的尊重回报给你。所以，处在道德发展不成熟阶段的孩子时常不能将尊重回报给你，对此不要感到奇怪。因此，开发孩子尊重他人的品德，既需要我们尊重孩子，也需要我们要求他们回报尊重。

著名的心理分析学者布鲁诺·比特利海姆对为什么应该要求孩子尊重你作了一个很好的解释。他提醒我们，过去道德始于恐惧，害怕（永劫不复的）地狱，害怕（代表折磨和体罚的）柴房，害怕不被人爱等。今天我们明白了依靠诸如此类的恐惧感来教育孩子所要冒的风险。它会阻碍个性的发展，妨碍孩子成长。但是如果我们不想让孩子的意识建立在恐惧基础上，就应该确信无疑地知道我们和孩子之间应是相互尊重的。比特利海姆认为，如果尊重不能取代恐惧，孩子们不论现在还是将来都不会严肃地看待道德。

父母永远不能允许孩子说着不尊重的话语或者骂骂咧咧地走开，不允许对父母这样，也不允许对任何人这样。我们必须坚持要求他们讲礼貌，期待他们学会体谅他人，以坚决而毫无异议的方式要求我们作为父亲和母亲而应得到的特别尊重，以及其他人作为人而应得到的起码的尊重。我们也应该让孩子记住我们努力呈现给他们的尊重，并且问他们自己是否愿意受到不尊重的待遇。

道德是双向的，有给予也有得到。当你不希望别人那样对你时，你也不要那样对别人。

（托马斯·利科纳：《培养品格——让孩子呈现最好的一面》）

活动模块三

全神贯注

阶段目标：

训练和发展小学1~3年级学生的注意力，提高他们的注意力品质。

适用年级：

小学一、二年级，以二年级（上）学期为主。

活动专题 13　我能“不看窗外事”（注意选择性）

【活动参考目标】

1. 了解与理解

（1）懂得专心致志做一件事情的重要性。

（2）懂得一切学习活动从集中注意力开始。

2. 尝试与学会

（1）尝试根据教师的语音提示，在“听”和“看”的活动中集中自己的注意力。

（2）尝试用自己的语言提示，集中注意力完成“听”和“看”的训练任务。

3. 体验与感悟

（1）感受集中注意力带来的良好的听课效果。

（2）体验“听（看）清”、“听（看）懂”、“听（看）出”所带来的乐趣。

【活动参考课例】

“羊村”课堂大闯关

——我能“不看窗外事”

活动理念

小学 1～3 年级是培养学生注意力的最佳时期。如何培养学生的注意力，让学生的注意力更加集中，是这个阶段学习辅导的重点。本次辅导活动想通过“听”、“看”等活动环节的设置，引导学生在学习过程中能“仔细听、仔细看”，排除外界干扰，集中注意力完成学习任务，感受集中注意力带来的听课快乐，为后续的学习打下坚实的基础。

活动准备

制作辅导课的活动课件；每人一份集中注意力的小材料；准备儿童歌曲；提前将学生按座位分组，六人一组。

活动过程

一、团体热身阶段：飞、跑、跳、停

1. 游戏规则

“1”代表飞飞，“2”代表跑跑，“3”代表跳跳，“4”代表原地不动。教师说口令“1、2、3、4”，学生就要做出相应的动作。除 4 以外，其他的动作都要做三遍。如果做错了，要求学生大声说：“对不起，我错了！”游戏继续进行。

2. 游戏活动

整个游戏持续三分钟，教师也参与其中，气氛活跃起来即可。游戏结束后，六人小组面朝前坐。

二、团体转换阶段：走进“羊村”课堂

1. 几个“羊”字

送给大家一首好听的歌曲，仔细听，等会老师要来考考你是否注意听了！

（教师播放儿童歌曲《别看我只是一只羊》）

（歌曲听完，教师提问）你们注意到这首歌的歌词中出现了几个“羊”字吗？

（学生交流、反馈）

2. 教师点评

集中注意力是我们一切学习活动的开始。同样是听一首歌，大家有的选择去听歌词的内容，有的选择去听动听的旋律，没有人选择去听歌词中的“羊”字。这就说明，我们的注意力是有选择性的。如果在听歌前，老师明确要求大家听歌词中出现的“羊”字，让大家带着目的去听，大家可能就能顺利地说出来了。（出示喜羊羊图片）喜羊羊邀请我们小朋友走进“羊村”的

课堂，一起听一听，一起看一看，你们愿意吗？

三、 团体工作阶段： 注意力大闯关

1. 闯关活动一：乘车问题

（出示沸羊羊图片）沸羊羊出题：公交车出发的时候车上有 5 个人，经过第一站时，上来 3 人，下去 2 人；经过第二站时，上来 5 人，下去 3 人，请问现在车上还有几个人？

沸羊羊再出一道题考考你：公交车出发的时候，车上有 7 个人，经过第一站时，上来 4 人，下去 1 人；经过第二站时，上来 6 人，下去 4 人，请问现在车上还有几个人？

（师生交流、反馈）

第一关顺利通过！你们觉得顺利闯过第一关的原因是什么？

（学生小组讨论，全班交流后，教师小结）仔细听很重要。

2. 闯关活动二：听字反应

沸羊羊一走，懒羊羊就出来考你了（出示懒羊羊图片）。接下来玩的闯关活动叫“听字反应”。为了让大家可以看得更清楚，咱们分两批进行。前三个小组第一批进行，其余的小组观察上一组同学的反应，等会要给予评价。结束之后小组互相交换。

教师讲述第一个小故事，要求学生听到“我”字时赶紧从座位上站起来，看哪一组的学生反应最快！

故事材料：

妈妈下班回到家后感觉很累。我正在写作业，看到妈妈回来了，我马上说：“妈妈，我来帮你拿东西吧！”“不用，我自己拿吧！我还不老呢！等我老了，你再帮我做事吧！”我听了，有些不好意思，这是我应该做的，为什么要等到妈妈老了才做呢？我有点想不通！

相关小组反馈交流，教师点评。

教师讲述第二个小故事，要求学生听到“他”字时赶紧从座位上站起来，看哪一组的学生反应最快！

故事材料：

这回他惨了！第二单元的考试成绩公布了，他考得很糟糕。之前，他还在他爸爸妈妈面前保证过，说他考试成绩一定会超过 95 分！可是现在呢？他感觉有点难办，怎么向父母交代呢？他很想找好朋友帮忙，可是，他的好朋友偏偏在这个时候跟他闹矛盾了！他该怎么办？

（师生反馈、交流、评价）

教师提问：顺利闯过第二关的关键是什么？

学生小组讨论，全班交流后，教师简单小结：仔细听很重要。

3. 闯关活动三：圈数字

懒羊羊刚走，美羊羊就来了。第三关美羊羊要给大家出题了（出示美羊羊图片）。考考你的眼睛，比一比在这个闯关游戏中谁看得最仔细，谁数得最仔细。打开手中的材料，仔细听老师的要求。

这个游戏的名字叫“圈数字”，请你圈出 4 后面的第二个数字，并且数一数一共有多少个，数好了就可以举手。教师示范之后，学生练习：

103245384762432410485490841 8

432143546643900845673422134 0

827548234104008423843214098 4

288546635422049807642221243 2

342148745343903093456453489 4

教师统计最先举手的前三个孩子大概用了多少时间，请他们说说自己是怎么做到的，并对其所在小组进行奖励。

第三关游戏顺利通过！你们觉得顺利闯过第三关的原因是什么？

学生小组讨论，全班交流后，教师小结：仔细看很重要。

4. 闯关活动四：数花朵

接下来喜羊羊要来出题了（出示喜羊羊图片）。喜羊羊对我们班的孩子有点不服气，所以提高了闯关的难度，要我们来闯第四关——数花朵。

（教师出示鲜花图）数一数有几朵蓝花？几朵红花呢？一共有多少朵？喜羊羊只会问这些简单的问题吗？当然不是，他要来考考我们，花朵在运动的状态下，你们还能不能做到仔细看，仔细数呢？

要求同学们只说一遍。请仔细看，仔细数，一共有几朵蓝花？几朵红花？

（教师出示动态课件）

（全班交流，教师反馈，小组加星奖励）

第四关顺利通过！大家觉得取胜的关键是什么？

5. 教师点评

经过刚才和小羊们进行的四个注意力活动大闯关，我们知道了集中注意力是学习活动的开始，小耳朵仔细听，小眼睛仔细看，集中注意不分心，快乐学习来分享！

四、团体结束阶段：注意力大考验

1. 小羊跳操

接下来，“羊村”村长慢羊羊要带来一个最难、最难的注意力活动，你愿意接受考验吗？

“羊村”的小羊们也跳“公德操”，每次村长慢羊羊播放“公德操”的音乐，小羊们一注意听歌词，就忘记动作怎么做了；而如果小羊们一注意动作，又不记得歌词说了些什么。村长慢羊羊想考考我们班的小朋友，看看我们能不能排除一切干扰，集中注意力，一边跳，一边仔细听歌词里唱了些什么，你又听懂了什么。

（教师放音乐，学生一边跳一边听）

看看右边，看看左边，周围的空气多新鲜，太阳照耀着笑脸，公德礼仪记心间。

看看上边，看看下边，打扮美丽的家园，好习惯就在身边，爱护自己的一片天。

见到长辈要问好，不给他人随便起绰号，见面问候招招手，你就是我的好朋友。

……

“跳操”完毕，六人一个小组进行讨论，将自己听到的歌词与小组成员分享。

集体交流，说说听清了什么，听懂了什么。教师提问：“听出了这么多的歌词内容，你现在的心情怎么样？”（要求小组间的交流不能重复，小组加星

奖励）

我们在听的过程中，感受到了集中注意力所带来的快乐，村长慢羊羊夸我们真了不起，他要小羊们向你们学习！

2. 教师小结

这节课，我们和四只小羊进行了“注意力活动大闯关”，还接受了“羊村”村长带来的“注意力大考验”，听出了“公德操”的歌词，听懂了其中的意思，感受到了集中注意力带给我们的快乐。希望小朋友们能在今后的学习生活中，仔细听，仔细看，集中注意力，听清老师的要求，你一定会在学习中取得更大的进步，感受到学习带来的快乐！

活动反思

本堂课的教学设计中，教师一共安排了四个大的活动环节。第一个环节是团体热身阶段，主要目的是让学生在“飞、跑、跳、停”的游戏中练习集中注意力，活跃气氛。第二个环节是团体转换阶段，以一曲《别看我只是一只羊》带孩子进入“羊村”，让孩子通过回答“羊”字出现了几次，来了解注意力是有选择性的。第三个环节是团体工作阶段，进行集中注意力的训练。教师重点对学生进行了“仔细听、仔细看”两方面的训练，以四个闯关活动为主要形式，符合1~3年级孩子的心理特点，情境创设更利于集中他们的注意力。第四个环节是团体结束阶段，是由“羊村村长”提出的“注意力大考验”，是整堂课的综合训练，目标是让孩子们排除外界干扰“仔细听”，达到学习的目标，感受学习带来的快乐。

教案确定下来之后，我一直在思考：如何围绕活动目标选择合适的活动环节？如何根据心育活动课中“热身—转换—工作—结束”四个发展阶段，进行注意力训练？最终权衡再三，我做出了上面的活动设计。虽然在试教的过程中，有一个小环节因为课件不够完善出了小状况，但是总体氛围还是很不错。孩子们非常喜欢老师带来的这样“有意思”的课，听到这样的课后反馈，我真的很高兴！

（浙江省嘉兴市南湖国际实验学校　屠小丽）

【活动参考资料】

集中注意力是可以学习的

专注行为是由一个个以目标为导向的行为步骤创造出注意力的行为。但是注意力缺失儿童偏偏在“创造注意力”方面存在困难，无法执行某些重要的行为步骤。其实，注意力集中是可以学习的！若要给予这些孩子帮助，就要激励、教导他们如何更专注，事前多一点思考，例如：学习原则性的技巧（如仔细看）；学习控制自己的冲动行为；行动遭遇失败时暂停一下，三思而后行；学习并应用继续进行一件事的技巧；学习知识，以便把注意力投注在重要的事情上。如果注意力缺失儿童觉得他学习专注的努力得到支持（如称赞、早期发现并避免错误、被交代去做某事、提出实际的要求等），将会很有帮助。

（劳特，施洛特克：《儿童注意力训练手册》）

活动专题 14　我能“坚持不分心”（注意稳定性）

【活动参考目标】

1. 了解与理解

（1）了解延长自己集中注意力的时间直接关系到学习的效果。

（2）懂得要把注意力集中在一件事情上，必须努力改正容易分心的不良习惯。

2. 尝试与学会

（1）尝试在不同难度的“走迷宫”游戏中训练自己注意力的持久性。

（2）尝试在完成其他较复杂的观察或认知活动中，增加持久地集中注意力的时间长度。

3. 体验与感悟

（1）交流自我奖励的方式，体验自我奖励的快乐。

（2）在“学会等待”中体验“延迟满足”的成功快乐。

【活动参考课例】

克服分心　专心学习

——我能“坚持不分心”

活动理念

小学1～3年级的学生正逐步养成良好的学习习惯，但在注意力发展这方面，有以下三个特点：一是无意注意仍占重要地位；二是注意力的范围很有限；三是注意力的集中性和稳定性较差。许多学生在课堂上常常不能很好地集中注意力，影响了学习效率。本课旨在通过各种形式的活动、游戏，引导学生认识到集中注意力的重要性，培养他们注意力的稳定性，引导他们学会克服分心的方法。

活动准备

“密码情报”诗和“注意之花”卡片。

活动过程

一、团体热身阶段：“开火车”

1. 跟着老师的节拍走

老师的手在左边，你的手就往左边拍；老师的手在右边，你的手就往右边拍。你拍手的方向、节奏要和老师的手一致。老师的手往上伸，你们就学火车的汽笛声“呜——”，手往前下方伸，你们就学火车放气的声音“哧——”。

（做完一组游戏后，教师播放有趣的声音和图片进行过渡）

2. 分享

（1）采访：你刚才节奏和方向做错（对）的原因是什么？

（2）归纳：看来专心才能把事情做对，而分心就有可能把事情做错。

二、 团体转换阶段：一心二用

分心和专心对我们的学习有什么影响呢？我们先来做个游戏。

1. 画圆和画方

（1）先用右手画一个圆，再用左手画一个长方形，时间20秒。

（2）右手画圆，同时用左手画方，注意一定要同时画，时间20秒。

2. 分组讨论

比一比两次画的圆形，哪次画得好？你有什么感受？

（教师小结）专注学习比分心学习效果好。今天我们就一起来讨论如何克服分心的毛病，怎样专心学习。

三、 团体工作阶段： 聚精会神

1. 破密码，救战友

要想克服分心的毛病，就要经常做一些集中注意力的训练，让自己做事情能够“一心一意”。现在有一个注意力“过关”挑战，你愿意接受吗？

（1）创设情境（音乐渲染）。

你现在就是一名小游击队员。在一次秘密行动中，你最好的战友为了救你，却被敌人抓走了。现在，他正被关在地牢里，遭受敌人的折磨，生命危在旦夕，情况十分危急。只有你才能救他，而你只有获取情报里的密码，才能打开地牢的铁门，救出你的战友。但是，机会只有一次，如果你稍不留神，你的战友将永远离开你。而且在这个过程中，你会遇到许多困难。不过你发誓，无论如何，也要获取密码，救出你的战友。

（2）出示“密码”诗。

深呼吸，深呼吸，现在开始集中注意力，耳朵仔细听，“绝密情报”只说一次。

学生在有趣的图片、声音的干扰下，听教师朗读“密码情报”诗的句子。

“密码情报”诗：《小狗抬轿》

八只小狗抬花轿，老虎坐轿把（ ）摇。……………………（扇）
一只小狗跌一（ ），老虎狠狠踢一脚。……………………（跤）
小狗痛得汪汪叫，老虎却在睡（ ）觉。……………………（大）
花轿抬到半（ ）腰，想个办法真正好。……………………（山）
一二三呀向上（ ），老虎摔了一大跤！……………………（抛）

现在请你把知道的“密码情报”填到空格里面去，以便救出你的战友。（虚线后面的字是答案，教师最后公布核对）

（3）分享感受。

你成功的原因是什么？当你听到战友的生命危在旦夕时，你的心里是怎么想的？在这个活动中你有什么感受？

（4）教师点评：要想做好一件事，必须认准目标，心无杂念，注意力高度集中，还要想想自己背负的责任。

2. 注意之花

既然集中注意力如此重要，那么在学习活动中，我们一定要一起来想办法，克服分心的毛病，促使自己专心学习。

（1）小组讨论：平时在课堂上，我们有哪些分心的现象？

（2）老师也收集了一些同学们上课分心的事例，给大家做一个补充。（PPT 出示）

上课了，我还在想着下课时玩的游戏。
妈妈说下午放学后带我去吃好吃的，大部分时间我都在想这件事。
我带了一个玩具，上课时不由自主地拿起来玩。
老师在上课，我看到书上有许多有趣的图片，就拿起笔来画画。
上课听老师讲了一会儿，我就觉得没什么意思了。

（3）针对刚才同学们讲的分心原因，集思广益，想点子克服它。记录员把同学们讲的点子记录下来，写在卡片上。

（4）小组汇报并归纳，将卡片贴在黑板上形成“注意之花”。

明确目标，意志坚定；自我提醒，他人监督；合理休息，养成习惯。

为了方便大家，老师把这些方法编成了儿歌。（出示 PPT，如左图）

四、团体结束阶段：课外延伸

1. 小闹钟　滴答滴

我们接着再来做一个手指游戏，小手指跟着小闹钟一块滴答滴。

游戏规则：注意大屏幕上闹钟发出的“滴答”声，双手放松放在桌面，坐端正，双目微闭，全神贯注地听“滴答”声。从第一声“滴”开始，拇指跟着拍动一下，依次为食指、中指、无名指和小指。时间为 3 分钟，看看哪一组的小朋友做得既准确又持久！

2. 教师小结

同学们今天讨论专注的方法，分享自己的感受，并在活动中运用这些方法。希望同学们在平时的学习中能运用“注意之花”中的方法克服分心的毛病，使自己更加专心地学习，享受学习的快乐！

3. 课外延伸

（1）将“注意之花”贴在班级宣传栏里，经常看一看，用一用。

（2）为自己做一张提醒卡，写上一些提醒自己的话，贴在文具盒里或书桌边。

（3）集中注意力做一件对自己有挑战性的事，比如，专心看完一本书，专心做完一次作业等。

活动反思

一、目标定位要“准”，活动以目标为中心，层层深入

目标是每一节课的灵魂和导向，也是所要达成的最后结果。目标定位既要符合学生的年龄特征，又要适合学生的心理特点。辅导的问题不仅要具有

普遍性，还要针对本班学生的特点，使活动目标有针对性，发挥心育活动课的最大功效。

在设计这堂课时，我发现1～3年级学生中大多数孩子学业不良的原因并不是智力因素，而是上课时注意力涣散、不集中，集中注意力的品质对孩子的学业来说具有决定性的意义。

二、活动要“活”，学生在活动中体验、感悟、成长

我曾在热身环节采用“逆向行为”这个游戏，在注意力训练环节，我也曾尝试过“找迷宫”这类活动，我发现很多学生对这些活动很熟悉，活动的积极性不高，有些甚至一开始就喊“做过的，没意思！”因此效果不好。经过和导师、同行的讨论，我创设了“开火车”、“救战友”等游戏，学生积极性很高，在活动中体验、感悟也较深刻。

因此，开展富有启发意义的活动，才能唤醒学生潜意识中的一些心理体验，增强其心理感受，从而达到目的。让学生积极参与活动，绝不是为了活动而活动，而是让学生在活动中充分发挥主体作用，充分体验，充分感悟，积累经验，并在此基础上集思广益，克服分心的毛病，促进良好心理素质的内化。

三、作业设计要“做”，并在生活大课堂中延伸活动

我设计的三个课外延伸作业从简单到复杂，考虑到了各个层次的学生。有认知方面的，也有行为方面的，更有实践训练，因此是体验性和操作性相结合的作业。它能帮助学生形成集中注意力的习惯，形成良好的学习品质。

此外，在课堂中教师要时刻关注学生的表现，鼓励学生，使学生保持良好的心态。如，“这位同学做得很好！”、“那位同学听得认真，是个会学习的人”，等等，在训练集中注意力方法的同时，使学生有意识地去保持注意力。

（浙江省瑞安市仙降镇中心小学　钟方来
浙江省宁波市江东区第二实验小学　李慧梅）

【活动参考资料】

注意的稳定性

注意稳定性是指注意力保持在同一种活动上的时间。它并不意味着注意力总是指向同一对象，而是指当注意的对象和行动有所变化时，注意的总方向和总任务不变。学生上课的时候既要听教师讲课，又要记笔记，还要看黑板上的挂图或教师的实验等。学生在课堂上的这些活动都服从于听课这一总的任务。因此，课堂上学生的注意力是稳定的。

注意力的分散就是注意力离开了当前已经指定的对象和活动，又称分心。它是由无关刺激的干扰或单调刺激的长期作用而引起的。有经验的教师会发现，在课堂上有的学生左顾右盼，有时向窗户外面东张西望，有时与同桌交谈，有时在课桌上乱写乱画，对教师的讲授视而不见、听而不闻，根本不知道教师讲授的内容，或只知道大概而已。这就是一种分心的现象，它是表现在外部的分心。还有一种分心表现在内部。如，有的学生上课的时候身体坐得非常端正，眼睛直视黑板，但脑子里却在想着其他的事情，对教师讲述的内容虽然也能听到只言片语，但当教师提问的时候，却回答不上来，或者所答非所问。这些都是注意力分散的表现。

（毛光民，毛富强：《观察是起点》）

活动专题 15 我能“做事有主次”（注意计划性）

【活动参考目标】

1. 了解与理解

（1）懂得做事情要一件一件地去做。

（2）懂得做事情要分清主次，学习的时候不能玩。

2. 尝试与学会

(1) 尝试在教师的指导和同伴的提示下，有计划、有步骤地完成几件事情。

(2) 尝试在教师或同伴的引导下，自行纠正训练中的主次不分的错误。

(3) 尝试在自我提示下（“先做××，后做××”），独立完成一个有先后操作程序的训练任务。

3. 体验与感悟

(1) 体验有序完成训练任务、不手忙脚乱的成就感。

(2) 体会到找准事情的先后次序需要注意力的高度集中。

【活动参考课例】

先做好主要的事情

——我能“做事有主次”

活动理念

“总是要等到睡觉前，才想起功课只做了一点点；总是要等到走进教室后，才发现该带的学习用具没有带。不是找不到什么，就是忘记了什么。东摸摸西摸摸，时间流逝，一事无成……”这些都是学生做事缺乏计划性和条理性的表现。做事情缺乏条理、没有计划是儿童注意力发展过程中的一种常见现象。

本课旨在引导学生提高集中注意力的品质，学会做事有主次，做事有计划。即对自己要做的事情能集中注意力，并做到有具体的时间规划，有准备，有措施，有安排，有步骤。

活动准备

连环画卡片、动植物卡片；拼图、象棋、练习纸；相关的幻灯片。

活动过程

一、 团体热身阶段： 穿戴比赛

1. 游戏规则

我们已经是二年级的小朋友了，有一定的自理能力。现在我们要进行一次自理能力比赛。参赛的小朋友要完成穿衣、穿鞋、戴红领巾以及背书包等一系列动作，必须完全由自己独立完成，不可以向他人求助。让我们比一比谁做得快！

2. 每组学生派代表参加

比赛后，请穿戴速度最快的学生来介绍经验。

（学生交流：穿戴时要有先后顺序）

二、 团体转换阶段： 我来说

1. 拼图游戏："帮帮这只小猴子"

今天，老师给大家带来一位新朋友，它是——（生齐答：小猴子）他和我们一样，是动物学校二年级的小朋友。老师这里有几幅图画，你们来排排序，看看这里讲了一个什么故事。

（1）学生在小组内将顺序混乱的连环画卡片理顺次序——

a. 早上，小猴子背着书包去上学。

b. 中午，老师布置了语文作业和数学作业。

c. 小猴子做了一会儿语文作业，就去做数学作业，一会儿又……

d. 下午上课了，小猴子一样作业也没完成，小猴子被老师批评了。

e. 小猴想：为什么我什么作业都没做完呢？

（2）学生交流排列的顺序，并说说图画中的故事。

（3）讨论：谁能告诉小猴子，他那么忙，为什么什么作业都没做完？

小猴子应该怎么做，才能按时完成老师布置的作业呢？

（学生讨论后全班分享）

2. 教师点评

事情是要一件一件地去完成，有先有后，不能眉毛胡子一把抓，才能把

几件事情都做好。（板书课题）

三、团体工作阶段：我来做

1. 小猴子的三个任务

（1）现在小猴子有三件事情要做。一是要完成拼图游戏，二是要完成动植物卡片归类游戏，三是要搭象棋房子。你们帮小猴想想，应该怎么做？

（2）学生讨论，交流如何安排效果最好，并说说理由。

这三件事应一件一件做，不要手忙脚乱。哪件事更重要哪件事先做，哪件事容易哪件事先做。

（3）学生根据讨论的意见，尝试帮小猴子完成上述任务。

（4）教师提示：训练活动开始之前，要先说出完成任务的步骤（“先做××，后做××”）。

在小组里轮流边说边完成任务，没有轮到的同学必须观察别人怎么做，在别人遇到困难时给予提示。

（5）教师点评：做事情要分清主次，重要的事情要集中注意力先做好，次要的事情则应该排在后面，等重要的事情做完之后再动手去做，也可以容易的事先做，难的事后做。

2. 我的课间 10 分钟

小朋友，平时你们会在课间 10 分钟干什么呢？

学生交流：课前准备、做作业、玩、上厕所、交作业、喝水……（教师根据学生回答一一板书）

那么多的事，而时间只有 10 分钟，你会先做什么？为什么？

学生交流，并且合理安排顺序。（上厕所—喝水—课前准备—做作业或交作业—玩）

教师点评：是呀，我们做事时要先做重要紧迫的事，再做一些不重要的事情，这样就可以避免注意力被次要的事情所分散。

3. 我来制订小计划

在做这些事情之前，要先问问自己：“我有必要做这件事吗？”“做这件事会花我多少时间？”“有没有比这件事更重要的事情需要我去做呢？”通过事前的思考，我们可以提高做事效率。下面我们根据事情的轻重缓急来制订一个小计划。时间是从下午4点30分到晚上9点，看看在这段时间里，我们应该把自己的注意力集中在什么事情上。

（1）学生举例说明在这段时间内，自己会做些什么。

（2）讨论：确定哪些事是重要的，必须做的；哪些事是可做可不做的。

（3）学生制作“我的课余时间计划表”，全班交流。

我的课余时间计划表

时间	我要做的事情	自我评价

完全做到得3颗星，基本做到得2颗星，没做到不得星。

父母对我的评价：__________

我想对自己说：__________

明天我要做的事有：__________

四、团体结束阶段：今天回家怎么做？

1. 角色扮演

情境：放学后我回到家，只见桌上正放着一瓶饮料和薯片，爸爸正在玩电脑游戏，我一看时间，刚好4点30，我喜欢的动画片马上要开始了。

（1）如果你是情境中的“我”，你会怎么做呢？

（2）学生讨论。

2. 教师小结

有了计划，我们就要严格执行，在面对诱惑时，要保持冷静。在课余时间计划表下面有个评价表，请你和父母一起来督促自己，给自己打打分。

睡前10分钟，你可以躺下来静静地想一想：我今天做了什么？是否完成了制订的计划？今天有进步吗？有什么特别的体会呢？明天还要继续坚持吗？……当你集中自己的注意力，按照计划完成主要任务时，你就会发现你又有了新的收获。

活动反思

做事有计划对于一个小学生来说，不仅是一种做事的习惯，更反映了他的注意力品质，这是他将来取得成功的重要因素。

在活动过程中，我通过童话故事引导学生理解，合理安排做事顺序，不能眉毛胡子一把抓。然后，我通过学生们喜欢的游戏，让他们练习如何来安排事情的先后顺序，有步骤地完成带有趣味性和情境性的训练任务（例如拼图游戏、动植物卡片归类游戏、搭积木游戏等）。最后，让学生将学到的方法运用到课余生活中，做事时能分清主次，把注意力集中到学习任务上去。

但是，从整堂课来看，教师的主导性还比较强，导致学生的主体性较弱，学生抒发情绪、表达的机会比较少。从心育活动课的要求来看，教师更应该蹲下身来，做学生的倾听者。另外，教师应多使用一点儿童化的语言，少一点说教，在活动形式上还可以再有所创新。

（浙江省宁波市江东区实验小学　吕　娜）

【活动参考资料】

让注意更有计划性

所谓注意的计划性，是指儿童系统地收集和过滤信息，计划自己行动的能力。如晚上在家自习的时候，他能计划先做什么，后做什么。在学校轮到自己打扫教室卫生时，他也能计划自己的行动：等同学都离校后，他先洒水，后扫地，再抹去桌椅板凳上的灰尘，把教室打扫得干干净净。这种计划自己行动的能力随年龄增长而提高……儿童解决问题的这种有计划地搜索、过滤信息的能力在童年中期稳步发展。

（方富熹，方格：《儿童发展心理学》）

活动专题 16

我能“捡三不落四”（注意分配性）

【活动参考目标】

1. 了解与理解

（1）了解在学习活动中，有时需要同时注意到两三件事情。

（2）了解要想同时注意到两三件事情，离不开对这几件事情的认真观察。

2. 尝试与学会

（1）尝试在嘈杂的背景中辨别几种不同的声音。

（2）在训练过程中，尝试在教师的提示下检查自己注意力分配的效果。

（3）尝试用“自我语音提示”来控制自己的分心行为。

3. 体验与感悟

（1）回家自制一个“停！——注意！——不丢三落四！”的信号卡，放在醒目的位置上，体验一下它对自己写作业时不忘记细节的好处。

（2）在班上展示自己做的信号卡，看看谁做得更醒目、漂亮，效果更好。

【活动参考课例】

我有一部会扫描的“雷达”

——我能“捡三不落四”

活动理念

“注意分配”是指在同一时间内把注意力分配到不同的对象上。“注意分配”有不同的水平，它取决于同时并进的几种活动的性质、复杂程度以及人对活动的熟悉或熟练程度等条件。当同时进行的几种活动复杂或难度越大时，“注意分配”就越困难。“丢三落四”是许多孩子共有的毛病，尤其是1～3年级小学生。主要表现为上学时忘带作业、橡皮、尺子，甚至忘带课本等。从理论上讲，大脑在同一时刻信息加工的容量有限，“注意”只是对其中一部分信息的集中，但集中注意的加工过程要求全部心理活动参加，有很高的紧张性，因此，注意不可能同时指向于两个不同方向。这就是说，“注意分配”与“注意集中”是互相矛盾的，只有通过一系列的训练，才能使小学生逐步兼顾这两方面的认知活动的需要。

活动准备

课件，“舒尔兹方格表”练习纸每人10张（每张表格中1～25的数字顺序都是不一样的）。

活动过程

一、团体热身阶段：我会跳，又会唱

（教师播放歌曲《健康歌》，调节课堂气氛）小朋友们，跟着老师一起唱起来，舞起来。我们一边唱歌，一边跳舞吧。

孩子们，我们真厉害，可以同时做两样事情！

二、团体转换阶段：“小狗熊掰玉米”

像这样在同一段时间内做两件或两件以上的事，你看到过吗？听到过吗？或者在你身上发生过吗？有没有人做不到呢？

1. 演示故事：《小狗熊掰玉米》

小狗熊性格憨厚，也很有力气。

一天，熊妈妈对小狗熊说：“孩子，地里的玉米熟了，你掰一点回家吧。”

小狗熊说：“好，我马上去！”说完就蹦蹦跳跳地向地里跑去。

玉米地很大很大，金黄的玉米已经熟了。

小狗熊欢叫一声，跑进玉米地里，一刻不停地掰起玉米来。一会儿，就掰了好多，可是他不把玉米放到筐里，而是伸出右手掰一个，夹到左臂的胳肢窝里，再伸出左臂掰一个，把它夹到右臂的胳肢窝里，就这样不停地右手换左手，左手换右手……整整半天的时间，小狗熊累得满头大汗，可胳肢窝里仍然只有一个玉米。

大半天过去了，整个玉米地里的玉米，都让小狗熊掰完了。小狗熊心里喜滋滋的，他汗也没顾上擦，夹着一个玉米就跑回家。

“孩子，你就掰了一个玉米？”妈妈问。

“不，妈妈，我都掰完了。”小狗熊说。

“唉！”妈妈知道小狗熊丢三落四的毛病又犯了，就领着小狗熊走回到玉米地里。

“你看，妈妈，我都干完了。”小狗熊指着玉米地高兴地说。

“孩子，你都长这么大了，该记住了，干活可不能这样丢三落四的。要不，人们该嘲笑我们是‘狗熊掰棒子，掰一个丢一个’了。以后可要改了呀！”

小狗熊惭愧地点点头。

2. 学生讨论

小狗熊掰玉米的故事对你有什么启示？你能帮帮小狗熊想想办法，改正“丢三落四”的毛病吗？我们小朋友在学习过程中有没有“丢三落四”的现象？

3. 教师点评

在小朋友们身上常出现这种现象：有的同学把文具、课本和一些小玩具随便堆放在桌面上，或是一股脑儿塞进抽屉里，经常是丢了这儿忘了那儿。写作业时，也会出现漏做题目的现象。

那么该怎样把我们的注意力合理分配，做到有效学习呢？这节课，我们就一起来探讨一下，好吗？

三、团体工作阶段：我有一部会扫描的“雷达”

1. 听一听

（教师出示课件）在背景嘈杂的录音当中，看谁能够听清几种不同动物的叫声、车辆的马达声和鸣笛声以及几个人说话的内容。

方法一：精神高度集中，在同一时间能注意到各种事情。

2. 涂颜色

在一张结构和形状较复杂的图案中，将不同颜色的颜料涂到不同形状的小板块中。

方法二：眼睛左右扫描，能兼顾几个方面的事情。

3. 注意力的“舒尔兹方格表”训练

（1）出示“舒尔兹方格表”。

舒尔兹方格表

2	6	11	20	4
13	22	3	9	15
7	18	1	23	19
16	24	21	17	12
5	10	14	25	8

练习方法：在每个单独的表中，按递增的顺序迅速找全 25 个数字。所用的时间按秒计算。

（2）读表规则。

第一，点数时不能出声，按递增的顺序在心里默数 1 ~25。

第二，开始练习之前，视线应集中在表格的中心，以便看见表的全貌。

第三，在寻找下一个数字时，视线应集中在表格的中心。表和眼睛之间的距离，和阅读普通读物时一样，约 25 ~30 厘米。

（3）学生练习，共进行 5 次，教师在活动过程中总结出方法。

方法三：心到、眼到、手到，要有意识地多训练自己“心、眼、手”相互配合的能力。

还有 5 张表格带回家练习，也可以自己照样子制作。建议每天练习 5 ~10 份“舒尔兹方格表”，逐渐加快速度，能有效地提高我们的注意力。

4. 教师点评

小朋友们，在学习过程中，如果我们的大脑能像雷达一样同时向一定的方向发射不连续的无线电波，在同一时间获得目标的一切信息，我们的学习将会更加高效。

四、 团体结束阶段： 总结延伸

接下来，我们就用刚才所学的本领来试一试，好吗？

1. 拼图游戏

（1）发给每个学生一些杂乱无章的卡片，进行拼图。

（2）暂停并回头检查拼图。

开始 1 分钟后，教师发出“暂停”口令，让学生中断 30 秒钟左右，尝试回头检查刚才训练过程中自己有无差错，然后继续拼图。

（3）教师小结：小朋友们真不错，老师一发出“暂停”口令，大家就能立即把注意力返回到前面的拼图上，检查有没有遗漏的地方，这样做才能把图拼得又快又正确。这说明小朋友们已经意识到，在学习的过程中，要照顾到许多方面，做到“捡三不落四”了！

2. 课后延伸

小朋友们，为了我们能更好地学习，老师建议大家回家自制一个“停！——注意！——不丢三落四！”的信号卡，要做得醒目、漂亮一些。把它放在醒目的位置上，让它来提醒自己写作业时不忘细节，时时提醒自己“注意——不丢三落四”。好吗？

活动反思

这次心育活动课的设计中吸纳了一些有利于注意力合理分配的训练和游戏，让学生在游戏当中训练注意力的分配。提高学生学习时的注意分配能力，关键在于训练他们掌握与学习有关的技能，并使各种技能协调化。例如，在训练他们熟练写字的基础上，进一步训练他们边听边记的能力，为记课堂笔记打下基础。

通过试教之后，我发现有很多地方操作不够到位，还有活动的各个环节的现场调控问题，以及每个活动环节学生参与的深度等问题都有待改进。因此，建立团体活动规范，引导学生遵守规则、尊重别人是非常必要的，它是创设轻松、愉悦的课堂氛围的基本前提，其本身也是一种心理健康教育。

（浙江省宁波市荷花庄小学　胡燕萍）

【活动参考资料】

注意的分配要靠多次重复

在日常生活中，如果某几种活动经常重复，就会在这种活动之间形成某种特定的反应系统，这些活动再次同时进行时，就容易形成注意的分配；如果几种活动较少重复，在它们之中不存在某种特定的反应系统，当这些活动同时进行时，注意的分配就比较困难。这是因为注意分配的机制是由于某一活动的熟练和自动化，使大脑皮层相应区域兴奋与抑制的强弱能够自动调节，使注意的中心和其他兴奋点之间产生了相应的牢固的联系，从而把人的注意分配在两种活动以上。

低年级小学生的注意常常是无意的、无目的的，他们东看看西看看，什么新奇看什么。教师要教他们学会注意，要教给他们各种各样的注意方法，引导他们由浅入深、由简单到复杂、由单次到多次重复注意某些事物。这方面苏霍姆林斯基为我们提供了一个典范。苏霍姆林斯基在他的学校里，经过周密的思考，规定在小学4年内应当培养学生的注意能力，有顺序地进行训练，每周进行两次，共进行300次。他说："这样就形成了《自然界的书》的300页。"

（毛光民，毛富强：《观察是起点》）

活动专题17 我能"转向新目标"（注意转移性）

【活动参考目标】

1. 了解与理解

（1）了解及时把注意力转向新的学习任务的重要性。

（2）了解注意力的迅速转移需要有一种自我克制力。

2. 尝试与学会

（1）尝试在教师的语音提示下加快转移注意力的速度。

（2）尝试通过自己的"语音调整行动"加快自己转移注意力的速度。

（3）尝试用内化的"语音调整行动"加快注意力转移的速度。

3. 体验与感悟

（1）回家自制一个"停！——注意下一个！"的信号卡，放在醒目的位置上，体验一下它对自己在写作业时及时转向新任务的好处。

（2）在班上展示自己做的信号卡，感受一下谁做得更醒目、漂亮，效果更好。

【活动参考课例】

停，注意下一个目标

——我能“转向新目标”

活动理念

“要事第一”是自我管理的一个原则。把最重要的事放在第一位，避免被感觉、情绪冲动或外界琐事所左右，是一个人取得成功的条件。但是1~3年级小学生容易受外界因素的干扰，往往会长久地沉浸在一些无关紧要的事情中，不能迅速地从其他情境转向学习的内容，由此造成学习效率的低下。因此，我们必须重视1~3年级小学生注意力转移的训练，通过“语音调整行动”及“自我教导”，提高他们的自我克制力，引导他们养成良好的注意品质，并能根据学习任务的需要及时转移自己的注意力。

活动准备

多媒体课件及相关的图片、资料；制作“信号卡”的材料和工具，每个学生一张“自评奖励卡”；安排一个学生讲故事，排练游戏；把桌子沿教室墙壁围成一个大圈，每一边留一个出口，中间为师生活动场所。

活动过程

一、 团体热身阶段：蜗牛与黄鹂鸟

1. 学生分组

将全班学生分成甲、乙两大组，每一组中，三分之二的学生为“黄鹂鸟”，三分之一的学生为“蜗牛”。两组中的“黄鹂鸟”要手拉手围成两个圆圈，甲组的“蜗牛”站在乙组“黄鹂鸟”的圈外，乙组的“蜗牛”站在甲组的“黄鹂鸟”圈外。

2. 播放音乐

播放音乐《蜗牛与黄鹂鸟》。“黄鹂鸟”们随着音乐的节奏，手拉手做扬臂、垂臂的律动，手臂高举表示门打开了，手臂垂落表示门关上了。而圈外

的“蜗牛”则要乘机钻进门去。

3. 交流体会

哪一组的“蜗牛”全部钻进对方“黄鹂鸟”的大门，哪一组为胜利者。请获胜的“蜗牛”组成员谈谈取得成功后的体会。

二、团体转换阶段：丁丁的烦恼

1. 播放视频《丁丁的烦恼》

丁丁很喜欢玩悠悠球。一下课，他就迫不及待地拿着悠悠球和同学们比试，同学们都十分佩服丁丁。上课铃响了，丁丁总是不自觉地想着抽屉里的悠悠球，有时候甚至忍不住要去摸一摸。至于老师上课讲的是什么他也不知道了。有一次上数学课，老师叫他起来回答问题，他急忙从抽屉里拿出手，一脸的茫然。数学测验时，丁丁只考了 75 分，他难过极了。

2. 小组讨论

小朋友们，看完了这个故事，你们知道丁丁的烦恼是什么吗？他为什么只得了 75 分呢？

3. 教师点评

如果上课了还想着下课玩的游戏，注意力没有集中到学习内容上来，我们的学习就会退步。我们必须学会放下自己最喜欢的事物，全身心地投入到学习中。这堂课，我们就来练练这样的本领。

三、团体工作阶段：快快注意“下一个”

小朋友们表现得可真棒，老师要奖励大家看精彩的动画片了。不过我还有一个小小的要求，就是在听到这样的提示音后（教师播放语音提示），必须马上做大屏幕上显示的任务。你们能做到吗？

1. 叫停“喜羊羊”

（教师播放动画片《喜羊羊与灰太郎》，学生观看）

（中途提示语音响起：“停！——请做口算训练题。”，同时，动画片还在继续）

（学生根据语音提示，迅速转移注意力，教师观察学生的反应）

（全都做对的学生在自己的“自评奖励卡”上画个五角星）

（教师采访口算题全做对的学生）你是怎么做到的？

（再采访出错较多的学生）你觉得是什么原因让你出了差错？

接下来，我们再来试一试刚才的活动，继续看动画片。但这一次要求大家在语音提示响起之后，大声说一句“停！注意下一个！”然后，迅速拿出第二张口算纸开始做练习。

（学生进行第二轮训练，全做对的小朋友在奖励卡上画颗五角星）

（讨论）第二次全做对的小朋友为什么明显比第一次多呢？

（教师小结）只有通过自我语音提示，把脑海中精彩的动画片强制中断，立即转向新任务，全心全意地投入到口算题练习中，我们才能提高正确率。

最后，我们再来试一试。这一次的要求是：提示音响起之后，同学们在心里默默说一句：“停！——注意下一个！”然后一起背诵古诗《赋得古原草送别》。

（学生进行第三轮训练，完成背诵任务的学生给自己的“自评奖励卡”画颗五角星）

（随机采访）为什么你能这么快就背出来了呢？

2. 头脑风暴

（1）小组讨论：平时我们在什么情况下需要注意情景的转移？

（2）学生发言后，教师互动，引导学生总结出怎样迅速地实现注意情景的转移，提高学习的效率。

下课正玩得高兴，上课铃响后怎样立即赶到教室，迅速集中注意力？

家里来了客人，出去招呼一下回到房间学习，而爸爸妈妈正在外面和客人谈自己，怎样排除干扰，迅速集中注意力？

规定的学习时间到了，而自己在看的电视连续剧正放到精彩的地方，怎样立即回到房间，集中注意力学习？

（3）全班学生一起练习“语音自我提示”——“停！注意下一个！”大声说 10 遍，小声说 10 遍。

（4）教师点评：在学习生活中，我们如果想做好一件事，就必须要做到一心一意，不能一心二用。而要做到这一点，必须学会“语音自我提示”，每一位同学都可以想一句自我提示的话来提醒自己，督促自己把注意力转到学习任务上来。这样才能学到更多的本领，越学越棒！

3. 自制“信号卡”

（1）学生自制信号卡：“停！注意下一个！”

（2）学生展示制作的信号卡。

（3）学生评价谁做得更醒目、漂亮，效果更好。

（4）请学生说：信号卡怎么用？

（5）教师指导：在训练自己注意情景转移的过程中，起初要对自己大声说一句“停！注意下一个！”提示自己注意力的合理转移。如果这样能转移注意力，可再提高对自己的要求，尝试将自我指导语由大声说出来变为小声地自我提示，并能立即付诸行动。最后，我们只要在心里对自己说“停！注意下一个！”就能使注意力马上转向新的目标。不过，即使你已经达到了第三个层次，在重要的时刻，关键的时候，大声喊一句“停！注意下一个！”也是非常给力的。

四、团体结束阶段

1. 自主完成注意转移

（1）学生自由聊天。

（2）教师布置任务：预习课文，提出一个问题。

（3）学生自主完成注意转移，完成任务。

2. 教师小结

我们要从小养成好习惯，把最重要的事放在第一位，用“停！注意下一个！”的信号卡来提醒自己，不受无关杂事的干扰，集中精力去做好最重要的事情。

活动反思

本课以“转向新目标”为切入点，重点围绕“如何转”展开，以四个不同内容、不同领域的注意转移训练为载体，训练小学生快速转移注意力、全身心地学习的能力。课开始后，通过学生们生活中常见的现象——上课后还想着课后精彩的玩具、游戏，让学生讨论主人公学习成绩下降的主要原因，以明确注意力集中的重要性。接着以竞赛形式，进行了三个注意力快速转移的训练活动，让学生们从非常喜爱的动画片《喜羊羊与灰太郎》快速转移到学习中，并辅以相对应的竞赛激励。最后一个环节进行提升总结，帮助学生找到一个快速转移注意力的方法，引导学生学会自我控制，自我提示，同时进行后续的一些强化训练。

在活动过程中，有一个学生说："电视剧很好看，停止不看，一会儿没了怎么办?"几位学生就在那里为他出谋划策，有的说把它录下来，有的说让爸妈看了告诉他。在他们身上凸显出了注意力转移的难点所在：自我克制力的培养。"要事第一"的观念不是一堂课就能确立的，以后还有很长的路要走。

（浙江省嘉兴市南湖国际实验学校　徐跃英　邵梦霞）

【活动参考资料】

注意的转移不同于注意的分散

注意的转移与注意的分散有本质的区别。注意的转移是一种有目的的、自觉的活动，它使一种活动合理地被另一种活动所代替，是一个人注意灵活性的表现。注意分散是由于受到无关刺激的干扰，使自己的注意离开了需要稳定注意的对象，而不自觉地转换到对完成工作有不良影响的无关活动上。注意的转移有一个过程。我们常常感到做一件事情的时候，开头非常困难，实际上就是注意还没有完全从原先的活动转移到新的活动上来的一种表现。

许多学习和工作都要求个体在短时间内对新的刺激产生反应，因此，注意的转移和分配在学习和工作中占有重要的位置。飞行员在飞机起飞和降落的 5 ~6 分钟时间内，注意转移达两百多次，如果注意不能及时转移，其后果就不堪设想。

（毛光民，毛富强：《观察是起点》）

注意力训练的四个目标

（1）向孩子说明有关注意力缺失行为的相关知识。

（2）培养基本能力，例如仔细看、仔细描述、仔细听以及复述所听内容、将察觉到的内容精确地还原等。

（3）学习延缓反应（考虑、检查）。先运用信号卡（停！注意！）训练，再将其应用在后续的训练以及日常生活中。

（4）学习以语言上的自我教导来控制自己的注意力行为。

（劳特，施洛特克：《儿童注意力训练手册》）

活动专题18 我能“作业更细心”（注意策略性）

【活动参考目标】

1. 了解与理解

（1）懂得全面提高注意力品质对学习的重要性。

（2）懂得“仔细看”、“仔细听”、“仔细写”、“仔细查”的具体操作要求。

2. 尝试与学会

（1）尝试在教师的语音提示下全面注意比较复杂的事物的特点。

（2）尝试在自己的语音提示下检查自己完成复杂任务的效果。

（3）尝试用内化的“语音调整行动”提示自己检查所完成任务的效果。

3. 体验与感悟

（1）回家自制一个心愿卡，放在醒目的位置上，体验一下它提醒自己写作业时不忘记检查的好处，并感悟“细心＝靠近成功”的道理。

（2）在班上展示自己做的心愿卡，比一比谁做得更醒目、漂亮，效果更好。

【活动参考课例】

细心训练营

——我能“作业更细心”

活动理念

随着年龄的增长，小学1～3年级学生的自我意识有所觉醒，越来越关注自己的学习情况，特别是处在此阶段的学生，学习上的强度和难度有所加大。学生在学习上注意力不集中，写作业时粗心大意的情况时有出现。本节心育课旨在通过活动体验，引导学生掌握“仔细看”、“仔细听”、“仔细查”、“仔细想”的具体方法，进一步提升学生集中注意力的能力。

活动准备

小品《小军的烦恼》、纸巾、印泥、信封、书签、问卷、心愿卡及教学课件等。

活动过程

一、团体热身阶段：“超级，变！变！变！”

1. 开始游戏

教师邀请一名学生参与，该生站到较明显的位置上，其他学生仔细观察该生的衣着打扮。一分钟后，该生与教师一起转移位置（可以是教室外）。该生在教师的帮助下，在衣着方面进行细微的变化，如，改变学生卡的位置，卷起一只袖子等。之后该生重新回到教室，教师引导其他学生通过仔细观察，寻找发生变化的地方。

2. 交流体会

参与了刚才的游戏，你们有什么感受？

3. 教师点评

同学们，可见，很多事情的发现都离不开细心观察。今天，我们就一起走进以细心为主题的活动课。

（教师出示课题）

二、 团体转换阶段： 人多力量大

学习本来是一件快乐的事，可是小军怎么也高兴不起来，我们一起看看，到底发生了什么事。

1. 小品《小军的烦恼》

课间，其他同学都出去活动了，只有小军还在教室：“咳，我又粗心了，数学老师说我口算题错了 3 道，咳！”此时，语文老师进来了，说：“小军，你怎么回事？你看看你的作文本上的错别字！马上改过来，太过分了！”小军说：“咳，我太粗心了，怎么办？”

小军该怎么办呢？

（学生反馈）

让我们一起来帮助小军，找找他作文本上的错别字。

2. 寻找错别字

同学们以小组为单位，将错别字和正确的字写在纸上。

（1）小组成员共同合作完成。

（2）小组代表相互交流。

（3）教师点评：同学们，在学习上，小军不是很细心。那我们是细心的人吗？

3. 问卷“我是个细心的人吗？”

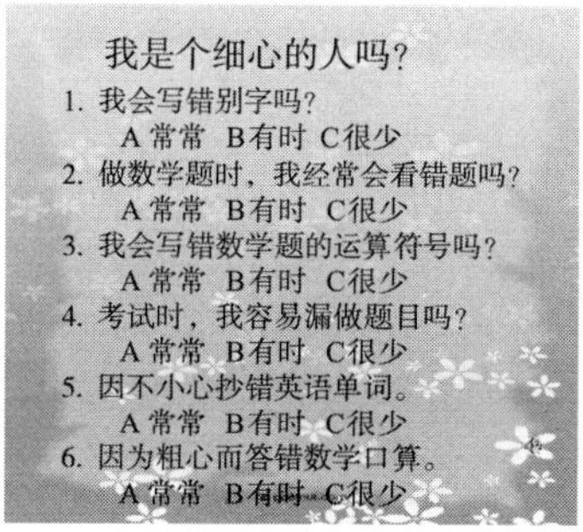

我是个细心的人吗？

1. 我会写错别字吗？
   A 常常 B有时 C很少
2. 做数学题时，我经常会看错题吗？
   A 常常 B有时 C很少
3. 我会写错数学题的运算符号吗？
   A 常常 B有时 C很少
4. 考试时，我容易漏做题目吗？
   A 常常 B有时 C很少
5. 因不小心抄错英语单词。
   A 常常 B有时 C很少
6. 因为粗心而答错数学口算。
   A 常常 B有时 C很少

问卷要求：实事求是，独立完成。

（1）学生完成问卷。

（2）教师反馈问卷。

（3）通过刚才的调查，你觉得自己有哪些地方还不够细心的？

（学生反馈）

教师追问：能具体地说一说当时的情况吗？

（4）教师点评：看来我们和小军一样，在学习上，有些事情还不够细心。那我们应该怎样让自己变得更细心呢？现在，我们就和小军一起走进“细心训练营”。你们准备好了吗？

三、团体工作阶段：细心训练营

1. 第一关：火眼金睛

（出示图片《奇怪的大公鸡》）

你能找出几种动物？你是怎么找到的？

（1）学生观察图片并记录。

（2）学生反馈并交流观察的方法。

（3）教师点评：同学们真了不起，说了这么多观察的方法，如，（课件展示）抓住事物的典型特征、有目的地观察、用心仔细观察等。

同学们，这一关重点训练我们要“仔细观察”，恭喜你们与小军一起成功闯过第一关，有信心继续闯关吗？

2. 第二关：耳听八方

（1）听我讲，跟我做。

倒数三、二、一，跟着我做，将手指按在脸上（左）。

倒数三、二、一，跟着我做，将手指按在脸上（右），迅速变换手指。

（2）你们刚才发现了什么？

（小组成员交流感受）

同学们，细心训练营不仅训练我们“仔细看”，还要让我们学会“仔细听”，第二关有点难，大家有信心吗？

3. 第三关：先来后到

（1）出示“脚印图”（如左图）。

（小组成员交流，教师适时引导）

（2）教师点评：同学们，细心训练营不仅训练我们要“仔细看”、“仔细听”，还要训练我们“仔细想”，这关真是严峻的考验，不过，因为你们认真思考了，所以可以顺利过关！此时，你有什么心里话要对小军说的？

（学生分享）

相信小军听了我们的心里话，在以后的学习中，他也能“写作业更细心”。同学们，在学习中，还有哪些事情需要我们更细心呢？

（教师适时引导，可以将细心的品质有效地迁移到日常生活中，引导学生做学习的有心人，做生活的有心人……）

四、 团体结束阶段——放飞心中梦

学习上，粗心、马虎是我们的敌人，请同学们结合刚才对自己的调查问卷，对自己不够细心的地方，许下一个美好的心愿。

1. 心愿卡——我能“写作业更细心”

（1）完成心愿卡（如右图）。

（2）学生交流、组内交流。

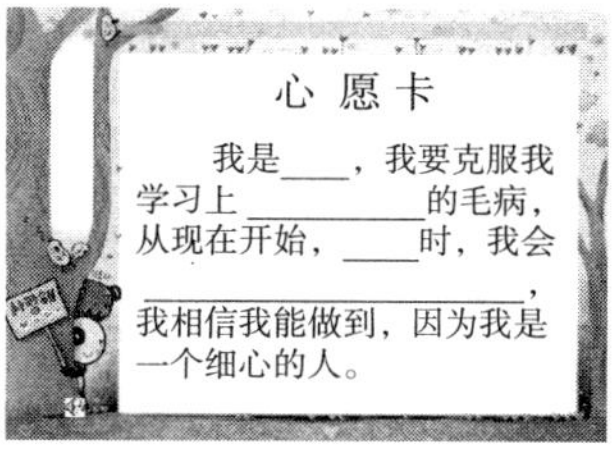

现在请同学们许下自己的心愿，大声喊出“我能写作业更细心！”声音越响，决心越大，代表你的心愿会越容易实现。

2. 学生高喊，许下心愿

3. 教师小结

这张心愿卡，是我们对自己的勉励，更是我们对自己的希望。课后，大家可以将它制作成精美的书签，勉励自己。愿我们在以后的学习中，能够写作业更细心，做个细心的小学生！

活动反思

在团体热身阶段，我以学生感兴趣的游戏引入课堂，加上教师热情的“怂恿”，调动了学生参与活动的积极性，课堂气氛活跃。在学生交流做游戏的感悟时，我趁机引出主题。在团体转换阶段，我引入学生身边真实的案例，引起了学生的共鸣，提高了活动的针对性。通过自我问卷调查环节，帮助学生了解了自身的细心程度。在团体工作阶段，我结合学生的心理特点，设计了“细心训练营”、“火眼金睛”、“耳听八方”、“先来后到”等趣味性较强的闯关游戏，让学生在快乐闯关的同时，交流自己的体验与感悟，强化了本次活动认真看、认真听、认真查、认真想的基本要求。在团体结束阶段，我借助心愿卡升华了本节活动课的主旨。在课堂实施过程中，感觉对于学生反馈的一些很好的感受并没有及时地引导与延伸是本次活动课的遗憾，需要在今后的教学中加以改进。

（浙江省温州市龙湾区沙城镇第二小学　孙作金）

【活动参考资料】

过程取向的协助

通过给予孩子过程取向的协助，可支持孩子的练习。提示如何进行且应该采取哪些途径，但不要通过说明来修改解答。若教师发现过程中有的行为不正确或有错误，可提供所谓的“平行行为控制”：在孩子进行的过程中说出他该如何进行，并且示范较好的行为。

教师建议孩子尝试解题的途径，直到孩子接受他的鼓励并应用。避免错误，同时掌握有效的解题方式。

（劳特，施洛特克：《儿童注意力训练手册》）

活动模块四

火眼金睛

阶段目标：

训练和发展小学1~3年级学生的观察能力，提高他们的观察力品质。

适用年级：

小学一、二、三年级，以二年级（下）学期为主。

活动专题 19　我能“观察有目的”（观察目的性）

【活动参考目标】

1. 了解与理解

（1）懂得观察要有明确的目的，才能观察得更仔细、更清楚。

（2）懂得观察离不开集中注意力，要为观察活动找到方向，首先要做到注意力高度集中。

2. 尝试与学会

（1）尝试用“任务观察法”有目的地观察一个事物。

（2）尝试用“列表画钩观察法”为自己的观察行为“定向”。

3. 体验与感悟

（1）体验观察活动的乐趣。

（2）感悟观察活动必定会为自己带来许多新鲜的知识的道理。

【活动参考课例】

我是“特种兵”

——我能“观察有目的”

活动理念

在日常教学中，我们不难发现，学生对知识的感知效果在很大程度上取决于其观察能力。那些观察能力较强的学生，喜欢在观察过程中明确自己的观察目的，并且在观察事物时能够觉察出事物的重要特征与细微差别，因而他们的知识较为丰富；而那些观察能力较弱的学生，却对这些不敏感，往往是漫不经心地对待观察对象。二年级的学生正处在认知能力发展的关键期，在这个阶段培养学生的观察力就显得更加重要。培养观察力的第一步，就是要引导学生懂得：观察要有明确的目的，不能漫无目标地随便“看看”。

活动准备

为每个学生准备一幅“两可图”、一顶迷彩帽；准备课件。

活动过程

一、团体热身阶段：图片回“家”

1. 游戏规则

教师和孩子观察图片，先看看四周都有什么物品，再看中间的放大图。教师应告诉孩子，放大图就是这些物品的一部分，只是把这部分放大了，现在放大的图要找自己的家，请你帮它找出来。

2. 说一说你是怎么找到的

二、团体转换阶段：“我是特种兵”

1. 出示《我是特种兵》主角的剧照

认识他们吗？你知道他们有什么本领吗？

（学生自由交流分享）

2. 教师点评

特种兵必须要有一个好眼力。我们今天要通过练习来提高我们的眼力，大家一起对自己大声说：“我是特种兵！”

（出示活动主题：我是特种兵）

三、团体工作阶段：“特种兵”训练营

想要成为一名特种兵，一定要有过硬的基本功，而且要能够千方百计地完成“上级”交给的任务。今天，老师给你们的任务就是要凭借自己的眼力“闯关”，如果每一关都能闯关成功的话，你就是真正的“特种兵”。

1. 第一关：猜职业

（1）出示军人、警察、医生、消防员、空姐的图片。

学生通过“只许看一眼”的活动，观察图片上人物的特征，最后来猜猜人物的职业。

（2）思考：你是怎么知道的？

2. 第二关：找人头

祝贺你们成功晋级，进入第二关，第二关难度就更大了。

出示一幅“两可图”（如右图）：

（1）看第一眼之后，你看到了什么？

（2）限时一分钟，数一数树上人头有几个，再用笔圈出来。

（3）再加一分钟，数一数树上人头有几个，再用笔圈出来。

（4）再加三分钟，四人一个小组讨论树上人头共有几个。

（5）全班交流：请同学到讲台上展示各小组的讨论结果。

如果也像第一关一样，只看一眼的话，就会错过这幅图中最有趣的地方，只有长时间仔细观察，才能不断有新发现。

3. 第三关：找“领头羊”

光说不练“假把式”，让我们去“特种兵”的训练场地进行一次实地演习。

（1）游戏规则：选出一名学生扮演“特种兵”暂时离开活动群体，再在其他学生中选择一个学生做“领头羊”。“领头羊”做什么动作，其他学生就跟着做什么动作。然后，请“特种兵”回到活动群体中观察哪个学生是“领头羊”，要求其他学生不能提示。

（2）活动开始。第一轮游戏结束后可以先请“特种兵”分享经验教训，再进行第二轮游戏。（由于课堂时间有限，可以规定每轮游戏的时间是三分钟，共进行两轮游戏）

4. 第四关：比一比谁的眼力最棒

这是最后一关了，这一关如果考验合格的话，你就是真正的“特种兵”了。

（1）播放观众观看斗牛的视频。

（2）学生闭眼，回想刚刚观看的视频画面。

（3）让学生写一写在视频中所看到的事物。

（4）教师评价：观察仔细、写得生动的小朋友可以戴上迷彩帽，感受成功的快乐。

（5）教师点评：只有我们静下心来仔细观察，始终围绕自己的目的去观察，你一定会有新的发现，你的眼力一定会越来越棒。

四、团体结束阶段：拓展延伸

1. 课外延伸活动

对你喜欢的小动物作一个星期的观察，明确你的观察内容，比如，观察小动物是怎么吃东西，怎么玩耍的，然后写几则观察日记，下次来交流。

2. 教师小结

孩子们，生活中我们每时每刻都需要观察。想要成为“特种兵”，就一定要明确自己的任务是什么，还要有一双善于观察的眼睛，有目的地认真观察，这样你就一定会有所收获，成为一名真正的“特种兵”！

活动反思

在本堂课的教学活动中，我创设了时下学生最感兴趣的“我是特种兵”情境，用“练眼力”这一活动将整堂课的四个活动贯穿起来：从“猜职业”到“找人头”，再到“找领头羊”，最后是“比一比谁的眼力最棒”。这四个活动的设计从易到难，完成了学生从感观认知到体验实践的全过程。

纵观整个教学过程，我以“特种兵”的话题导入课堂，学生兴致高涨，在“找人头”环节中，学生只看到“它是一棵树”或“一对夫妻在大树下说悄悄话”。我又让学生观察一分钟、两分钟、五分钟，他们一次比一次有更加惊人的发现。学生通过具体的活动初步感受到“认真看”和“有目的地观察”带来的魅力，然后通过一个“找‘领头羊’”的小游戏让学生观察出在一群人中谁是“领头羊”。这对观察者来说是有难度的，他必须要全神贯注，必须眼观六路、耳听八方，认真观察参与游戏的每个学生的不同反应，从不同表情中获得有效信息，从而准确判断出“谁是领头羊”。从课堂效果来看，学生在这个活动中非常投入，每个参与游戏的学生都能有所体悟。最后一个活动旨在让学生在实践中尝试如何有目的而又全面地观察事物。实施的过程非常有趣，大部分学生只能关注到最主要的事件，经教师提醒后，第二次实践时学生便能关注到每一个细节，这也符合该年龄段学生的特征。

值得一提的是，本次课后学生经常会找来一些有趣的“两可图”看一看，数一数，课外活动时也总要再玩“谁是领头羊”的游戏。一次心育活动课能在学生心中划过如此深刻的痕迹，在他们心头萦绕许久，这是对我们教师最好的奖赏。

（浙江省嘉兴市南湖国际实验学校　张园梅）

【活动参考资料】

观察，就是用“心”去看

观察力是智力活动的源泉。

任何事物只有看到或听到了，人才能通过思维，作出正确的判断或产生创造性的联想。一个对周围事物视而不见、充耳不闻的人，是什么也发现不了、什么也不会明白的。

有些人认为观察就是看。其实，看不等于观察。比如，你看到一条狗，能否说出这条狗有什么特征和习性吗？不一定。要掌握和了解足够的特征和习性，必须经过仔细观察才行。

学会观察并不是一件很容易的事。在很多情况下，我们容易盲目相信自己的判断力，一旦认为是正确的，或是无关紧要的，就不会再认真仔细地观察了。浅尝辄止是观察的一大忌讳。

在观察之前或在观察中，首先要明白，通过观察要解决什么问题，也就是说要有目的地去观察，去捕捉有用的信息，目的越明确越具体越好。如果没有目的，漫不经心地东张西望，不但起不到培养观察、分析能力的作用，反而会养成不好的习惯。其次，要明确从哪方面着手，选择好观察的角度和范围，抓住被观察事物的特点进行分辨，尽量使观察取得事半功倍的效果。

观察要有耐心，要动脑筋。观察不仅要用眼睛，更重要的是要用“心”去看。

［钟志农：《心理健康教育课教师指导手册（小学分册）》］

活动专题 20 我能“观察有重点”（观察选择性）

【活动参考目标】

1. 了解与理解

（1）了解观察事物一定要有重点。

（2）理解观察要有一双“明亮的眼睛”。

2. 尝试与学会

（1）尝试使用“特性观察法”观察事物的共同特征。

（2）尝试运用“重点观察法”和“差异观察法”来观察事物的特别之处。

3. 体验与感悟

（1）在寻找观察重点时体验头脑快速运作的“敏锐”。

（2）在观察过程中感受“全神贯注”。

【活动参考课例】

让我们的“眼睛”亮起来

——我能“观察有重点”

活动理念

从心理发展的角度来说，观察是智力活动的基础，观察力就是人观察事物的能力，它是智力发展的必要条件，也是人们生活中必须具备的能力。从小学 1 ~3 年级开始，学生已慢慢学会通过观察找出事物的共同点和区别，而不仅仅是孤立地去感知事物的表象了。本课旨在从学生熟悉的事物入手，用一系列观察能力测试题和观察能力训练活动来培养学生观察的兴趣，对学生进行观察方法的指导和训练，帮助他们养成良好的观察习惯，促进其观察力的提高，并能将其运用到日常的学习活动中去。

活动准备

准备课件和练习纸，将学生分为六人一小组，座位按 T 字形排列。

活动过程

一、 团体热身阶段： 请你跟我这样做

1. 游戏要求

请大家仔细看老师的手臂动作并且跟着老师一起做。注意，要看仔细哦！

2. 手臂游戏

抬头看到苹果树，（将胳膊举过头）
两个苹果朝我笑。（手掌握空心拳）
苹果落下来，（拳头做下落动作）
滋滋滋滋滋滋滋滋——味道真不错！（双手重叠转圈揉肚子）

3. 分享

你们注意到老师刚才揉肚子的时候，是哪一只手放在上面的？转圈时是顺时针，还是逆时针？

二、 团体转换阶段： 我的特异功能

1. 老师的“特异功能”

（1）教师“故弄玄虚”：“我和你们其中的一位同学握一握手，就可以和他（她）发生心灵感应。你们相信吗?”

在学生的惊奇声中，教师选择一位头上戴有头饰的女生，请她和老师握手数秒钟，然后说：“老师现在和她已经有心灵感应了哦！我想借用你的一样东西，可以吗?”在征得女生同意后，摘下她的一个头饰。

（2）教师宣布：“我手中有三只杯子，你们把它（女生的头饰）放在其中一只杯子里，随便放哪一只都行，我不看，但是肯定能猜出来。”

邀请学生将头饰放进倒扣在桌子上的三个杯子里，老师蒙上眼睛。

（3）老师猜，猜对了！

第二次，增加难度，教师背对桌子，继续猜对。

第三次，再增加难度，教师离开教室，回来继续猜对。

2. 考考你

怎么样，现在相信我有“特异功能”了吧。想知道老师的特异功能是怎么回事吗？哈哈，其实，老师在同学们中间安排了一个“小间谍”，他用小动作帮助了我。看谁的眼睛亮，能把“他”找出来！

3. 教师点评

我们常为福尔摩斯的观察力惊叹不已，实际上我们每个人都应该向他学习，将观察力训练得更敏锐些。在日常生活中，有些人只会“看”，而不善“观察”，其实他们是没有用心，所以视而不见。今天这节活动课我们就要来训练我们的观察力，让我们的眼睛亮起来！（揭示课题）

三、团体工作阶段：观察力训练营闯关游戏

1. 第一关——找特点

“猜影子”游戏。

（1）谁能用最快的速度说出右图中的图案都是哪些动画片形象的影子呢？（小组里议一议）

（2）全班分享，并说一说是根据什么猜出来的。

（3）课件展示真实正确的动画形象（下图）。

大家猜得又快又准，真厉害！你们有什么秘诀吗？（学生汇报）

（4）教师点评：同学们抓住了这些动画形象的特点。特点就是我们要观察的重点部位。这就是观察的第一个秘诀——找特点。

2. 第二关——找差异

大家顺利闯过了第一关，那咱们乘胜追击，赶快去闯第二关！

（1）下面的面孔有一张很特别，与其余的面孔都不相同，你能指出来吗？（小组内议一议）

（2）请各组代表汇报分享。

（3）回忆一下你们刚才是怎样把这张与众不同的脸找出来的？

（4）教师点评：大家通过观察每一张脸的头发、眼睛和嘴巴的不同之处，找出了这张特殊的脸，这真是一个不错的观察方法。谁给为我们的秘诀取个名字？——“找差异”！“差异”也是我们要观察的重点。

3. 第三关——找关键

大家还想掌握一个观察小秘诀吗？

（1）小测试1。

（出示左图）请仔细观察图中的这位小同学的动作，你能用自己的语言来说说他在干什么吗？

教师指导学生对单幅卡通画进行观察并用语言加以描述，表述的时候要对其中某一部分说得比较详细、比较具体。

（2）小测试2。

（出示左图）那大家再来看看这位小同学在干什么呢？

教师指导学生对单幅卡通画进行观察并用语言加以描述，表述的时候要对其中某一部分说得比较详细、比较具体。

（3）提升测试。

你能用一个成语概括一下这两幅图的意思吗？

（4）小组交流，代表汇报。

（5）教师追问：你们觉得用哪个词语概括最准确呢？

学生在仔细观察两幅图的关键点后可得出结论：前一张图是“尊老”，后一张图是“爱幼”，合在一起是“尊老爱幼”。

（6）教师点评：同学们在观察两幅图时，抓住了图中最关键的信息，所以才能顺利闯关。那么我们的第三个秘诀是——“找关键”！“关键”之处当然也是观察的重点。

4. 实践运用

现在大家已经拥有了三个观察的小秘诀，那么就让我们用这三个秘诀一起来闯闯“最后一关”吧！

在请出主角之前，我们先来猜个小谜语吧！

“麻屋子，红帐子，里面睡个白胖子。”

（学生猜谜：花生）

花生还有一个名字——落花生！为什么花生要叫做落花生呢？

[出示花生的生长过程图（下图）]：

请你仔细观察，看看每幅图之间的差异，找找花生也叫做“落花生”的原因吧！

（学生观察，并说说自己观察得到的结论，全班交流感受）

学生在观察时会关注到“花朵的变化”这一关键点，从“开花—形成子房柄—子房柄钻入土里—形成果实”这一系列的变化总结出理由：因为花生的花落了之后，子房柄就钻到土里长成花生，所以花生又叫落花生。

教师点评：大家用自己敏锐的观察力，找到了关键点，还看到了它们之间的差异。关键点、差异点和特点，都是我们观察的重点。恭喜同学们顺利闯关！

四、团体结束阶段：交流反馈

（全班交流活动感受）

教师小结：同学们，今天我们学会了提高观察力的三个小秘诀，就可以帮助我们找出重点更好地观察事物，希望同学们在平时的学习生活中，也能用这样的方法找出平凡的事物中更多有趣的东西，让生活变得更加丰富多彩！

活动反思

在本次心育活动课中，我以闯关游戏为主线，设计了四个过关游戏，每一个游戏都精心预设了真正让学生“动”起来的活动目标。“闯关游戏”是学生们都喜欢的，它既可以调动学生的积极性，激发学生的参与热情，变被动为自觉自愿，又能帮助学生获得心灵感悟，学会实践运用。这个过程是自发的，是以兴趣为导向的，是以自我不断成长为内在驱动的，所以它有着持久的生命力。在游戏中我还刻意创设了宽松的心理环境，让学生更愿意表达自己真实的情感，说出自己真实的想法，而不是掩饰、伪装自己，大大缩短了师生之间的心理距离。因此，这次活动对学生而言具有很强的实效性，学生在活动中得到了真切的内心体验。

（浙江省杭州市萧山区体育路小学　陈东秀）

【活动参考资料】

抓住事物的主要特征

低年级学生在观察事物时通常分不清观察中的主要现象和次要现象，往往首先注意那些新奇、有趣的部分。正是针对这种情况，我们提出了“主要现象法”。

训练初期，尽量让学生表述看到的事物的特征，在他谈完之后再问他：“什么是主要的特征?”比如，观察一只小乌龟，学生可能认为它有四只脚、两只眼、硬外壳、短尾巴，头脚能伸缩等都是主要的特征。这时，教师可以从观察对象的名称、类别等方面启发儿童将主要特征和次要特征加以区分。

对于许多爬行动物来说，四只脚、两只眼、短尾巴，头脚能伸缩是相同的特点，乌龟与其他爬行动物的主要区别在于它的硬外壳！这样，抓住了主要的特征，接下来的观察和分析就有的放矢了。

（毛光民，毛富强：《观察是起点》）

活动专题 21　我能“观察有顺序”（观察条理性）

【活动参考目标】

1. 了解与理解

（1）了解观察活动一定要有一个正确的观察顺序。

（2）理解完成比较复杂的观察任务还需要有一个观察计划。

2. 尝试与学会

（1）尝试采用“程序观察法”和“程序转换观察法”来有序地观察一个事物。

（2）尝试采用“分块观察法”和“提示引导观察法”来观察比较复杂的事物。

3. 体验与感悟

（1）感悟要做到“有序观察”需要有一种“心不浮、气不躁”的好心态。

（2）体验“有条有理”地做事给自己带来的自信。

【活动参考课例】

练练自己的观察力

——我能“观察有顺序”

活动理念

观察是认识世界、探索世界的基础。小学生对于新奇的事物有着强烈的好奇心和探求欲，但由于注意力的不稳定等因素，他们对事物的观察仅停留在表象上，不能挖掘出事物的本质特征和深层内涵，而且容易对一些看似平常的小事视而不见。针对学生观察方面的年龄特征，本课利用对比实验和按印泥、补图画等活动形式来帮助学生端正观察的态度——观察要明确目的，要仔细认真，特别是通过数方块、排列图片的顺序以及观察一个橘子等活动，教给学生科学的观察方法——观察要按顺序，要有条理，要调动多种感觉器官。

活动准备

准备观察能力测试题；准备观察能力训练活动所需物品；准备一首儿歌。

活动过程

一、团体热身阶段：眼力大比拼

《西游记》里的美猴王孙悟空有一双火眼金睛，什么都瞒不过它的双眼。当然，那是神话。但是一个人的眼力却是可以锻炼出来的，今天，我们就来练练自己的观察力。

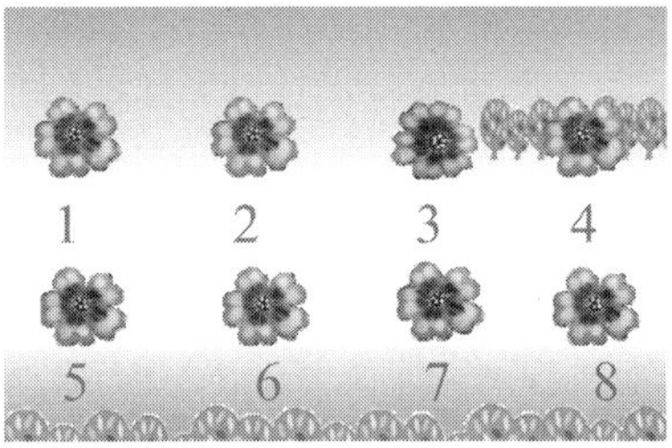

1. 眼力大比拼

将学生分成两组，一组无目的地看，另一组找找哪朵花与其他花不同（如左图）。

2. 揭题

有目的地看就是“观察”，观察是一种能力，也称为观察力。观察力在生活中、学习上，甚至科学发明方面都有着重大的作用。这节课，我们就要通过各种形式的活动来提高自己的观察力。

二、团体转换阶段：看仔细才能模仿

1. 师生模仿秀

（1）教师在讲台上准备一只墨盒，让学生也每人准备一只墨盒，然后要求学生们注意观察教师的一举一动并尽量模仿，看谁模仿得最像。教师将食

指蘸上墨给学生看一下，然后快速把中指按在脸上，要求学生也照着教师的样子去做。（一般学生都会在脸上留下手指印）

（2）请模仿成功的学生谈谈秘诀，请没有模仿成功的学生谈谈教训。

（3）教师点评：观察除了要有明确的目的，还要有认真的态度。

2. 图中少了什么?

仔细观察下图，看看图中的事物缺少了哪一部分？请补上。

三、 团体工作阶段： 观察要有顺序

1. 快数方块

请快速地数出右图中的方块数，并说说你数得又对又快的秘诀。

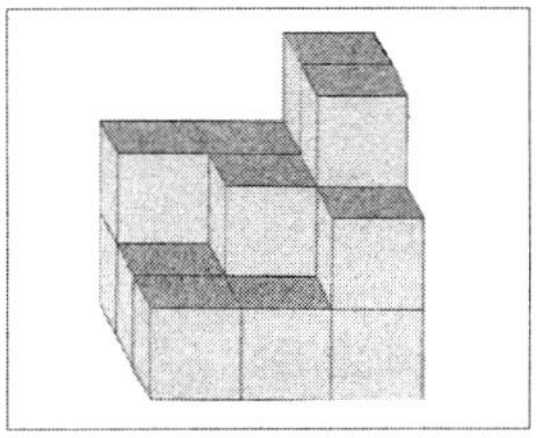

教师点评：观察时要按一定的顺序才能数得又快又准。

2. 拨乱反正

将下列图片按照正确的顺序排列，并说说你的理由。

3. 锦囊探宝

（1）教师拿出一个手提袋，请学生说说用什么办法可以知道袋中装的是哪几样“宝物”。

（2）请学生上来摸一摸或闻一闻，并猜一猜里面装的是什么，说明理由。

（3）如果猜对了，再请他仔细观察一下，逐一说说这几样“宝物”的具体特点。

（4）我们还能用什么方法了解这些“宝物”的特点呢？

（5）教师点评：按照一定的顺序，并调动多种感觉器官观察事物，才是科学的观察方法。

4. 观察实践

如果你的面前有一样水果，你准备按什么顺序来进行观察呢？

（学生分组合作，观察一个橘子，并完成观察记录）

四、 团体结束阶段： “观察歌”

1. 出示“观察歌”

观察先要有目的，火眼金睛来扫描；
还要认真又仔细，讲究顺序不乱套；
多种感官齐调动，边观察来边思考；
我们从小爱观察，探究世界少不了。

2. 板书小结（呈花朵形）

有目的

按顺序　　提高观察力　　多感官

要仔细

活动反思

本次心育活动课有效地融入关于观察的科学理念，内容安排紧凑，层次分明。教师从观察要有目的开始，引导学生观察时要抱有认真的态度，要有顺序地观察，要调动多种感官观察。整堂课的活动设计适合 1 ~3 年级学生活泼好动的年龄特征。通过各种游戏，学生端正了观察的态度，并对观察的科学方法也有了一定的了解和掌握。本课的活动形式多样，每个活动都是关于观察的，但又各有目标，意图明确。活动之后的引导自然充分，活动与活动之间的衔接过渡清晰合理。最后观察橘子的实践活动是本堂课的精彩之处。学生在前面学习观察方法的基础上，加以应用，不仅有趣，更是对前面学习内容的一种检验。

（浙江省宁波市曙光小学　吴望舒）

【活动参考资料】

程序转换观察法

程序转换观察法就是让学生们学会选择不同的顺序来观察不同类别的事物。比如，观察某种动物、植物或某个物体，通常采用从整体到局部，再从局部到整体的顺序分析法；观察街景、湖光、山色等自然景物时，多采用由近及远或由远及近的方位顺序法；观察某个事件，则必须按照开头（起因）、中间（经过）、结局的时间顺序法。这种训练可以使学生学会有条不紊地进行观察和分析，抓住事物各方面、各层次的特征，使观察力、思考力都得到相应的提高。

（毛光民，毛富强：《观察是起点》）

活动专题 22　我能“观察很仔细”（观察准确性）

【活动参考目标】

1. 了解与理解

（1）懂得观察要抓住事物的主要特点。

（2）懂得在观察活动中抓住细节和差异的重要性。

2. 尝试与学会

（1）尝试采用“相似观察法”观察事物的异同之处。

（2）尝试采用“类比观察法”观察事物的异同之处。

3. 体验与感悟

（1）体验在观察中将会遇到一些什么困难，自己又将如何去克服。

（2）感悟“耐心”和“坚持”在观察中的重要作用。

【活动参考课例】

瞧，我的眼睛多亮啊！

——我能“观察很仔细”

活动理念

观察力不仅是重要的学习能力，更是重要的生活能力。对 1 ~ 3 年级的学生来说，他们观察的精确性较差，观察事物不仔细、不全面，常常只能说出客体的部分属性，不能表述细节，影响了获取信息的质量。因此，本次心育活动旨在通过相似、类比等观察方法的训练，提高学生观察的精确性，同时在观察过程中培养学生的耐心。

活动准备

场地（本节心育活动课在舞蹈房中进行）；课件；魔术道具：红布、红领巾、裤子、口红、跑鞋；水果：橘子、葡萄、香蕉、猕猴桃。

活动过程

一、 团体热身阶段： 今天的教室不一样

1. 播放音乐《白龙马》

（1）迎接学生落座。

（2）教师：坐在舞蹈房里，你们能观察一下它和我们平时的教室有什么不同？

2. 学生观察舞蹈房

（1）第一次观察，发现两间教室最大的差异是镜子、桌椅和钢琴。

（2）第二次观察，发现两间教室墙上的图片不一样，舞蹈房中镜子旁有舞蹈杠等。

（3）教师点评：你们的眼睛真厉害！舞蹈房我们已不再陌生，（弹奏乐曲）有音乐与我们相伴！

二、团体转换阶段：观察“必不可少”

1. 游戏：我变，我变，我变变变！

（1）今天，班里的“小魔术师”为我们带来了一个魔术，名叫“我变，我变，我变变变！”看看我们的“小魔术师”漂亮吗？你们看他哪儿长得漂亮或打扮得比较有特色？

（2）请大家看看他变走了什么，又变来了什么？每一次揭开红布，“小魔术师”都有新的变化。（游戏形式类似于“变脸”）

魔术的内容：变走了头上的蝴蝶结，变来了红领巾；擦掉了口红，添上了额头上的红点；脱掉了裙子和皮鞋，换上了裤子和跑鞋。

（教师在组织游戏时注意，揭开布后停留的时间不宜太长）

（3）这个魔术告诉了我们一个什么道理呢？

（4）教师小结：仔细观察太重要了！

2. 揭示课题

（1）（出示图片，如右图）说到观察，他可是个高手。

（2）（揭示课题）你们听——“瞧，我的眼睛多亮啊！”今天我们就请火眼金睛的孙悟空做裁判，看看谁的眼睛最亮！

三、团体工作阶段：瞧，我的眼睛多亮啊

1. 第一关：寻找正确的生长剂

听说瑞比有一种神奇的生长剂，小豆慕名而来，他想请瑞比帮他研制一

种能帮他快快长大的生长剂。瑞比很快研制了出来，但是这瓶生长剂混在了众多植物生长剂里面。请大家帮忙找出来。瓶子的特征为：圆柱体，上面有粉红色的花纹，里面的液体是蓝色的。

（1）教师出示图片。

（2）学生观察、寻找。

（3）学生汇报，教师点评。

在日常生活中，我们观察事物首先要抓住它们的主要特点。大家根据瓶子的主要特征找到了正确的生长剂。瞧，大家的眼睛多亮呀！

2. 第二关：海底世界

（出示两张相似的“海底世界”图片）

大家说一说这两张图画的是什么？都是海底世界，但完全一样吗？请大家仔细观察，用 30 秒的时间找出这两幅图中的 5 个不一样的地方，用圆圈圈出。

（学生观察，教师巡视）

找到的同学请举手。（对未找全的学生教师鼓励其继续观察，培养他们观察的持久性）

（学生汇报）

教师点评：两张图虽然看似相同，可大家通过仔细观察，还是发现了它们的不同之处。瞧，你们的眼睛多亮呀！

3. 第三关：阿嚏，阿嚏

（教师出示大象、河马、狐狸、丹顶鹤、猫头鹰的图片）

大家找找它们（飞行动物和陆地动物）相同的地方和不同的地方。

这些天，动物们都感冒了。为了不让这次感冒继续蔓延，请大家给它们戴上合适的口罩。

（学生观察、总结、汇报）

教师点评：虽然都是动物，可是它们的长相都不一样。即使它们都是飞行动物或是陆地动物，大家仔细观察后也会发现，它们同样有不同之处。瞧，你们的眼睛多亮呀！

4. 第四关：动、动、动

大家的眼睛更亮了，说明你们离胜利不远了。下面就让我们进入最后一关："动、动、动"。

（1）出示水果（每小组分一只橘子、一根香蕉、一个猕猴桃和六颗葡萄）。

动动手、动动口、动动脑，你们一定能发现很多别人观察不到的地方！

（2）学生分组观察，教师巡视，引导学生观察要有耐心，坚持就是胜利。

（3）你是怎样观察到这种水果的（外形、颜色、香味、味道）的？

（4）教师点评：在观察过程中，我们除了用眼睛观察事物外，还可以用手、鼻子或是嘴巴一同帮助我们更好地观察、发现身边的事物。瞧，你们的眼睛多亮呀！

四、团体结束阶段：观察"无处不在"

1. 联系生活

生活中，我们也需要仔细观察。看看下面这些图片，你发现了什么？想到了什么？

（图 1：下雨、出太阳、下雪）

（图 2：欢乐、恐惧、悲伤、生气）

2. 教师小结

只要我们仔细观察、耐心观察，就会有许多意想不到的发现和收获！希望大家周末回家时能仔细观察你爸爸妈妈一天的生活，然后与大伙儿一同分享。

活动反思

本节心育活动课的设计符合二年级学生的认知需求，学生的参与度和积极性很高。团体热身阶段看似简单，实际上已将"观察要仔细"这一主题融入该环节，我借音乐放松了学生紧张的心情，以琴声控制课堂的纪律，为后面做好了铺垫。在团体工作阶段中，我设计了四个游戏环节，环环相扣，层层递进。以游戏的方式，激发学生的好奇心、求知欲，让学生在玩中感悟到观察要抓住事物的主要特征，观察要抓住事物的细节和差异，观察更需要一份耐心和坚持。同时，学生也学会了对观察目标进行比较，尝试运用了“相似观察法”和“类比观察法”，初步掌握了仔细观察的要领。由于观察能力是生活中必不可少的能力，因此在本节课的结束阶段，我设计了“联系生活”和“课后观察”两个环节，告诉学生观察就在我们的身边。

（浙江省宁波市江北区中心小学　王　静）

【活动参考资料】

既见森林，又见树木

观察准确度高的人，一个突出特点是“既见森林，又见树木”。就是说，既能把握事物的整体，又能敏锐地观察到事物的细节。这一能力需要观察者既具有广泛的视觉范围，又有较高的视觉敏感度。为此，可进行“边缘视觉法”的训练。训练方法是：先保持固定的目光聚焦，凝视正前方，同时用“余光”观察四周。开始也许不能很自如地控制“余光”，而且范围较窄。随着有意识地锻炼，用眼睛“余光”看东西的清晰度和范围都会增加。这种方法训练的是“边缘视觉”。除了生理训练外，心理训练对于边缘视觉也很有帮助。

在人的视网膜上，大部分都是边缘视觉地带。对于边缘视觉的开发和训练，可以大大提高视觉的感受范围和感受性程度，对于提高观察的完整性和准确性很有帮助。

（毛光民，毛富强：《观察是起点》）

关注细微的差异

教师要引导学生开始注意事物的不同之处，知道他们的差异。还以昆虫为例，除了归纳相同的地方以外，还要发现它们之间的不同之处。根据昆虫脚的只数不同，可以将昆虫再分为几大类。某些看起来相似的树叶，其实也有很多的不同，有的与树的种类有关，有的与生长的位置有关。在观察过程中，注意力由求“同”转为求“异”，是人观察力的一次飞跃。因为，寻找“异”的过程就是锻炼观察分析、比较、归纳能力的过程，也是早期发明创造、科学实验的萌芽。

（毛光民，毛富强：《观察是起点》）

活动专题 23 我能“观察更持久”（观察持久性）

【活动参考目标】

1. 了解与理解

（1）理解长期对一个事物作跟踪观察的重要性。

（2）了解观察要想有突破性的成果，必须耐心等待机遇。

2. 尝试与学会

（1）尝试采用“跟踪观察法”对一种自然现象或动物习性进行一系列的观察。

（2）尝试采用“破案观察法”对具有疑点的观察对象作探究式的观察。

（3）尝试采用“实验观察法”对一种自然现象或者动植物进行长时间的观察，并写一些简单的观察记录。

3. 体验与感悟

（1）体验在较长时间的观察过程中内心的种种焦急和不耐烦的感受。

（2）感悟兴趣、专注对最终获得观察结果的重要性。

【活动参考课例】

黑猫警长受训

——我能“观察更持久”

活动理念

有位名人曾说：对你所要表现的东西，要长时间很注意地去观察它，以便发现别人没有发现过和没有写过的特点。这说明观察需要持之以恒。一个复杂的事物涉及广阔的领域，如果观察是三天打鱼、两天晒网，事物发展变化中的很多重要环节、重要方面就会逃脱观察者的视线。持之以恒，也是学生必须具备的素质之一。因此，引导学生持之以恒地观察事物，不仅是求知的需要，也是培养学生完美人格的需要。

世界上的一切事物每时每刻都处在运动变化之中，因此，观察不能只从静态的角度进行，还要从动态的角度，对事物的发展变化进行跟踪观察，才能掌握事物的特点和规律。这就需要持之以恒地观察。

另外，持之以恒的观察，还能够培养学生的观察兴趣和观察习惯，对学生观察力的提高也会有很大帮助。这一点对学生而言，比观察本身的收获更为重要。因此，本次心育活动的设计旨在通过观察能力的训练，引导学生观察得更持久，并培养他们的观察兴趣。

活动准备

怪脸图幻灯片一张；教师将怪脸图中的26种动物剪下来制成26张彩色的小卡片；每个学生一张怪脸图和26颗星星。

活动过程

一、团体热身阶段：“黑猫警长看奇观”

（课前播放《黑猫警长》动画片中的音乐，以片中的角色“黑猫警长”引出活动，同时，让学生听音乐做热身操，激发学生参与活动的兴趣）

今天，黑猫警长要学习新本领了，来，我们先做热身运动。（和着音乐节拍放松）

1. 欣赏奇观图

（出示滴水穿石的奇观图，如下图）

你们瞧，黑猫警长正在“太极洞滴水穿石”的奇观现场参观呢！

2. 谈感受

看到这样的奇观，你们想到了什么？

3. 教师引导

教师引导学生结合“目标专一”和“持之以恒”的具体意思，感受水滴的“专一”和“持之以恒”的精神。

4. 感知启示

水滴的力量是微不足道的，但水滴凭着目标专一、持之以恒的精神竟然能够穿石。观看了这次“太极洞滴水穿石”的奇观之后，黑猫警长决定要向小水滴学习，在抓老鼠的时候一定要有耐心，观察目标的时候要持之以恒。

二、 团体转换阶段：“黑猫警长找动物”

（出示投影，如下图）投影中的图片看上去像一个人的脸，其实图里面包含一些大大小小的动物。只要你们仔细看，就会发现图中到底有哪些动物。

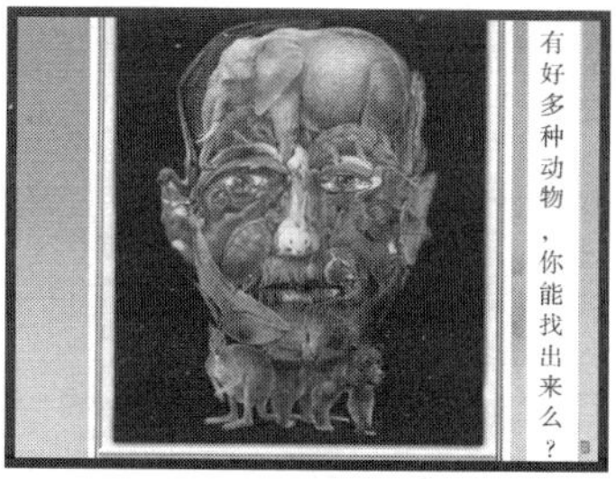

1. 游戏规则

这个游戏分两步进行。第一步：老师给大家4分钟时间，每个人都要仔细看，看到什么动物就把它的名字写在纸上，写不出来的字可以用拼音。同桌之间不能讨论交流，因为我们今天的活动是个人参赛活动。

第二步：讨论交流。同学们先告诉老师自己找到了几种动物，接下来老师请大家讲一讲动物的名称及所在的位置。讲对一个可以得到一颗五角星。注意：在讨论过程中，同学们不能再修改自己原先的答案。

2. 学生进行看图游戏

3. 讨论交流

请学生说出所看到的几种动物。

（1）说出所找到动物的名称及所在的位置。（先请找到动物少的学生说）

教师把学生找到的动物的图片一一展示。

（2）这个人的脸上一共有 26 种动物，全找出来的同学请举手，找出 25 种的请举手，找出 24 种……为什么同样在 4 分钟时间里，有的同学找到了二十多种，而有的同学只找到十多种呢？请大家讨论一下。

（3）我们请得到五角星最多的同学来说一说，他们是怎么做到的？

4. 教师点评

在图片上寻找动物图时，要按照从上到下的顺序；先看明显的图案，再找难找的；要展开合理的想象，并做到不放弃，不分心，集中注意力持之以恒地观察。

三、团体工作阶段：“黑猫警长训练营”

让我们走进“黑猫警长训练营”，跟黑猫警长一起去练练“火眼金睛”。

1. 我们一起来找茬

小朋友们感受到集中注意力、持之以恒地观察事物所带来的好处了吗？下面我们做一个测试，看看大家是否会运用这些方法。

（出示图片：我们一起来“找茬”）

你能找出这张图片（右图）中的错误么？

（学生“找茬”）

2. “黑猫警长抓小偷”

接下来我们进行最后一轮游戏，我们需要实地演习，扮作“黑猫警长”来抓“小偷”。

（1）游戏规则：大家扮演“小偷”围成圆圈坐下，一人扮作“黑猫警长”站中间。“小偷”传“宝石”，并做各种假动作，迷惑“黑猫警长”，让“黑猫警长”看不到“宝石”在谁手上。而“黑猫警长”必须密切注视“小偷”的动作。老师说“开始”后，在半分钟以内，“黑猫警长”要判断出“宝石”在哪里。如果判断正确，“小偷”则会落得个“被捕”的下场，如果判断错误，“黑猫警长”就会“下岗”，与“小偷”换位，游戏继续进行。

（2）游戏启示：在判断的时候，我们要集中注意力，目标专一，将自己的注意力都集中在“宝石”上，不要受到“小偷”各种假动作的干扰，要密切注视着目标——“宝石”，并要持之以恒地关注，这样才能判断准确。

四、 团体结束阶段：“黑猫警长受启示”

1. 学生分组谈感受

假如你是黑猫警长，通过今天的训练你有什么收获？

2. 教师小结

在我们的生活、学习中，有许多东西需要我们仔细观察才能找到答案，从而获得更多的知识，所以，我们平时应该养成良好的观察习惯，多看、多想，特别是对一些自然现象做长时期的跟踪观察，这种持续观察能力的提高会使我们变得更加聪明。

活动反思

这是一堂小学二年级的心育活动课，活动始终围绕学生的观察力展开。整个活动过程中学生参与的热情非常高。一开始，观察“太极洞滴水穿石的奇观”活动，让孩子们知道力量微不足道的水滴，凭着目标专一、持之以恒的精神竟然能够穿石。观看了这次奇观之后，黑猫警长决定要向小水滴学习。接着，孩子们又参与了猜图游戏。我设计这个游戏，既想保持学生活动的热情，又想让学生理解只有目标专一、持之以恒才能提高观察的效率。正是通过一层一层训练的深入，训练方法慢慢地由易到难，学生逐渐懂得观察事物应有目的性、有条理性并要做到持之以恒。

（浙江省杭州市西湖小学教育集团　应亚青）

【活动参考资料】

跟踪观察法

跟踪观察法是指在不同时间、不同条件下对同一事物进行间接地、反复地观察，以了解事物的发展变化过程，掌握规律，进而对类似情况做准确的分析和判断。以观察星星为例，可以让学生们在每天的固定时间里一次或数次去观察星星的特征，比较星座位置的变化和移动的方向。其他如观察月亮的阴晴圆缺变化、植物的生长变化等也都可以用“跟踪法”。开始的时候，收集到的素材可能是杂乱无章的，但随着观察的持续，观察对象会呈现出规律性的变化。在教师的指导下，学生们学会筛选出有效的素材用来比较分析，将大量零散的感性材料经过大脑的整理形成有效的信息。需要注意的是，虽然这种观察的形式表面看起来简单重复，但实际上观察的对象却在发生着微小的变化，而这些变化必须由学生们自己发现才会激发他们对观察更浓厚的兴趣。

（毛光民，毛富强：《观察是起点》）

小燕子的新发现

1. 观看视频《一次比一次有进步》

菜园里，冬瓜躺在地上，茄子挂在枝上。

屋檐下，燕子妈妈对小燕子说：“你到菜园去，看看冬瓜和茄子有什么不一样?”小燕子去了，回来说：“妈妈，妈妈，冬瓜大，茄子小!”

燕子妈妈说：“你说得对。你能不能再去看看，还有什么不一样?”小燕子又去了，回来说：“妈妈，妈妈，冬瓜是绿的，茄子是紫的!”

燕子妈妈点点头，说：“很好。可是，你能不能再去仔细看看，它们还有什么不一样?”小燕子又去了，回来高兴地说：“妈妈，妈妈，我发现冬瓜的皮上有细毛，茄子的柄上有小刺!”燕子妈妈笑了，说：“你一次比一次有进步!”

2. 教师提问

为什么说小燕子一次比一次有进步呢?

3. 学生交流

（能指出“它观察到的特点从容易发现的大小、颜色到不易发现的细毛和小刺”就可以）

（教师出示“燕子图”）瞧，小燕子真是个好孩子！燕子妈妈让它到菜园里去看冬瓜和茄子有什么不一样，它一连去了三次，在妈妈的耐心启发下，它观察得一次比一次认真仔细，每次都有新的发现。小燕子终于了解了冬瓜和茄子的不同特点：冬瓜大、茄子小；冬瓜是绿的，茄子是紫的；冬瓜的皮上有细毛，茄子的柄上有小刺。多有趣呀！所以，只要我们仔细观察，就会有新的发现。

（浙江省嘉兴市南湖国际实验学校　乔　洁）

活动专题 24 我能“观察更全面”（观察全面性）

【活动参考目标】

1. 了解与理解

理解观察事物要注意全方位、多角度地进行，并初步认识到在观察过程中多感官配合可以提高学习效率。

2. 尝试与学会

初步尝试将多感官配合运用到解决学习中的困扰上来，并能有意识地将其运用到日常生活中。

3. 体验与感悟

在活动中体验多感官参与观察的过程有助于提高学习效率，提高完成任务的成功率。

【活动参考课例】

眼、耳、手、口、心“总动员”
——我能“观察更全面”

活动理念

由于学生初入小学，知识技能正处在学习初期，能力、情感正处在培养期；加上自控能力差，注意力集中时间不长，观察往往不够仔细，由此造成许多学习上的失误。因此，教师应在训练中加以指导，鼓励学生多参与到观察过程中来，从而提高学生的观察能力。

活动准备

调查问卷、课件、图片、扑克牌；课前请每个学生准备一件别人不太熟悉的小物品，带到学校里来，并且保守秘密，不让其他同学看到是什么物品；每人还要准备一条小毛巾或小丝巾。

活动过程

一、团体热身阶段：“盲人”摸物

1. 盲人摸物

两人一组，一人蒙眼扮“盲人”，另一人拿出自己带来的小物品，请“盲人”摸，并猜出是什么东西。然后互换角色。

2. 明眼人看物

去掉“眼罩”，互相观察对方的物品，先看一看，再摸一摸，然后可以问一问。

分享：两次摸物品有什么不同的感受？为什么？

（教师出示课题：眼、耳、手、口、心“总动员”）

二、团体转换阶段：挑战自己

1. 对暗号

（1）游戏规则。

第一次，老师先念“A”，并随意举起一张“A”，然后，请学生从准备好的 4 张“A”中随意举起一张后，师生互对暗号，统计举对暗号同学的人数。

第二次，老师念“A”，同时举起“梅花 A”，学生从准备好的 4 张 A 中随意举起一张，与老师“对暗号”。教师统计举起“梅花 A”学生的人数。

（2）小组讨论。

为什么第二次对暗号能成功？两次“对暗号”有什么不同吗？

（3）教师点评：同样的游戏，由于我们除了用耳朵听之外，还加上了眼睛的观察，观察更仔细了，成功的可能性也就大大提高了。

2. 找相同图形

请你在一分钟时间内找出下图中分别与左边三个图形完全一样的图形。

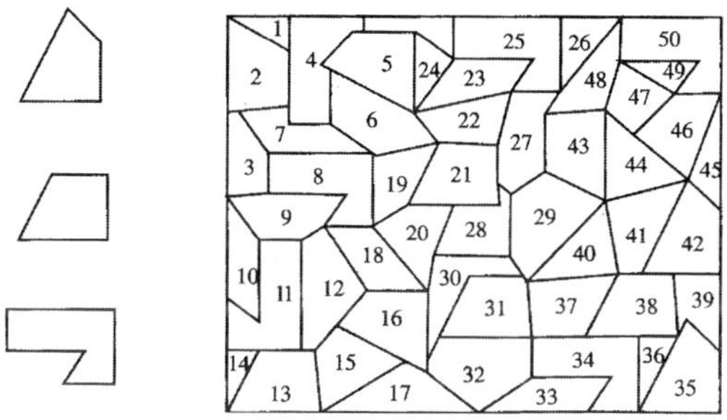

3. 数一数

仔细观察下面两幅图，数一数有几匹马，有几个“心”。

三、 团体工作阶段：寻宝之旅

1. 游戏“传情报”

（1）游戏规则：请各小组 1 号从老师这里领“情报”（只能看老师手中的字条），然后依次传给组员，直至传到组内最后一人，注意：不许动口说，但可以用其他形式传情报。

（2）分小组传“情报”（西瓜大，苹果小）。

（3）反馈传递结果，交流游戏发现。

（4）全班讨论：为什么同一条情报被传得五花八门？如何才能成功传递

情报？

2. 游戏“再传情报”

（1）游戏规则：请各小组1号从老师这里领“情报”，依次传给组员，直至传到组内最后一人，可以用多种感觉器官参与传情报。

（2）全班讨论：取得这个游戏的成功需要你身上哪几样宝贝呢？

（3）教师点评：同学们，看来要想成功传递信息，除了用眼睛观察之外，少了耳、手、口、心哪个感官的参与都很难成功。它们可都是我们身上的宝贝呀，用好它们我们可以获得更大的成功。

3. 生活寻宝

（1）全班讨论：在我们的生活中，有哪些事需要我们将眼、耳、手、口、心这五个宝贝都动员起来，才能做得更好？

（2）解决困扰：同学们，你能让眼、耳、手、口、心配合起来帮你解决生活学习中的困难与烦恼吗？（如，读书总串行、口算总出错、听写总有错别字、背诵课文总记不住……）

（3）小组交流，代表汇报。

（4）教师点评：看来同学们都曾经在无意识的情况下，用过这眼、耳、手、口、心五件宝。如果我们从今天开始有意识地在我们的学习生活中用上这五件宝，你学习时将学得更快、记得更牢、效率更高。

4. 猜字寻宝

（1）全班讨论：猜一猜“眼、耳、手、口、心”几个汉字组合起来是什么字？

（2）教师公布答案，全班交流。

（3）教师点评：同学们，“聪”字，从这个字的结构中我们就能一目了然，要想变聪明，就要把“眼、耳、手、口、心”都动员起来，让各个感官都参与到学习活动中来。

5. 实践用宝

（1）全班齐读《聪明歌》（如右图）。

（2）用上五件宝，记牢《聪明歌》。

（先个人展示，然后全班一起尝试）

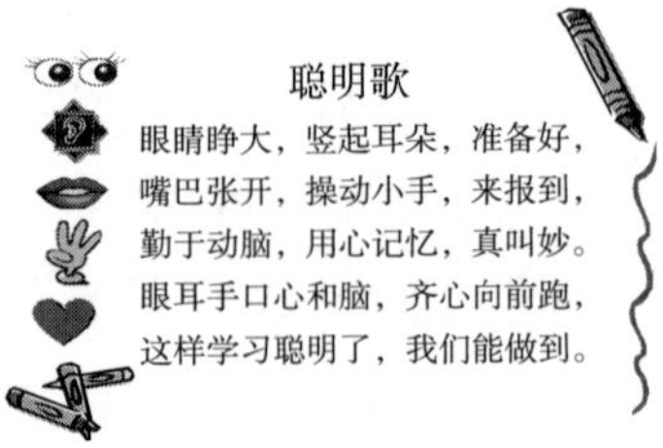

四、团体结束阶段：交流反馈

（1）全班交流活动感受。

（2）教师小结：同学们，今天我们一起找到了可以让自己学得更聪明的五件宝，如果你在学习生活中能够将“眼、耳、手、口、心”都动员起来，一定会有意想不到的收获。要想变聪明，牢记《聪明歌》，用好五件宝！

活动反思

在心育活动过程中，我主要通过游戏“对暗号”、“传情报”，让学生体验到多感官参与观察过程所带来的不同的认知效果，从而自主发现“眼、耳、手、口、心”总动员的意义，并有意识地调动多种感官参与到观察与实践活动中。在团体工作阶段，学生积极参与游戏，明白了同一游戏先后两次结果不同的原因，团体讨论激发了学生应用多感官参与学习的热情，变无意识行为为有意识行为。在团体结束阶段，我引导学生猜“聪”字、牢记《聪明歌》。从学生的反应和活动效果来看，这次活动基本达到了心育目标。略感不足的是，在团体结束阶段可以再增加一些体验任务，或许这样心育的实效性会更强。

（北京市第二实验小学　田颖红
浙江省金华市汤溪小学　张连英）

【活动参考资料】

鼓励学生写观察日记

小学生已经初步具备了一定的文字组织能力。这时应抓住时机，引导学生练习写观察日记。达尔文小的时候很喜欢观察，收集了很多的标本，可是标本的摘要却很不完全。他的舅舅看到这种情况，耐心地鼓励他说：“只做摘记是不够的，要把你当成一个画家，但要用文字而不是线条和色彩。当你描述一种花、一种蝴蝶、一种苔藓的时候，你必须使别人能够根据你的描述立即辨认出这种东西来。”达尔文听从了舅舅的话，在后来的日子里认真地做好日记，这些日记成为他科学发现的重要资料。

在日记法的训练中，常常有重量不重质的倾向。其实，一次高质量的日记比十次敷衍了事的日记有更实在的效果。如果学生的观察报告达到了一定的水平，那么教师应鼓励学生在认真修改的基础上向某些报刊、杂志投稿，或参加各种适合的征文比赛，如能得到社会的认可，必然会极大地调动学生的观察积极性。

（毛光民，毛富强：《观察是起点》）

◆ 活动模块五

爱心天使

阶段目标：

提高小学1~3年级学生的人际交往能力和人际交往技巧。

适用年级：

小学二、三年级，以三年级（上）学期为主。

活动专题 25

我能“爱护弱与小”（仁爱）

【活动参考目标】

1. 了解与理解

（1）树立人与人之间应该是平等的意识。

（2）懂得各个方面表现得比较弱小、比较内向、比较孤独的同学更应该得到大家的关爱和保护。

（3）懂得每个人都会有不愉快的时候，但是所有人都无权把怒气发泄到别人身上。

2. 尝试与学会

（1）尝试在弱小同伴受到言语（或肢体）攻击时主动出面劝阻攻击者并保护弱小同伴不再受到侵害。

（2）尝试在与弱小同伴发生言语（或肢体）冲突时主动退让或放弃争执的物品。

（3）尝试控制和转移自己的冲动情绪，不把弱小同伴作为发泄怒气的对象。

（4）尝试在受到他人言语（或肢体）攻击时，采取有效的反应方式并防止其转而攻击更加弱小的其他人。

（5）学会爱护弱小动物与植物，不对其施加伤害甚至是虐待。

3. 体验与感悟

（1）从自己曾经遭遇过的被他人欺负的经历中感受到弱小者的愤怒和无助。

（2）在保护弱小的角色扮演中体验正义感。

【活动参考课例】

我不是最弱小的

——我能“爱护弱与小”

活动理念

三年级的孩子已有了强与弱的意识，因此，有必要从小对他们进行爱护弱小的教育，让他们懂得关心、爱护弱小的道理。但是，从另一个角度讲，有些弱小的孩子已经习惯了别人的帮助，内心变得脆弱，潜意识里总觉得自己比别人弱小，长此以往，也不利于他们的成长。通过本课的学习，可以让弱小的孩子明白：只要能爱护比自己更弱小的人，你就不是最弱小的。

活动准备

课前“护蛋大行动”：每一个孩子准备好一个蛋，在 24 小时里要守护好，要求蛋不离身，连吃饭、睡觉、运动也不例外。24 小时后，看蛋是不是完好无损。

活动过程

一、 团体热身阶段： 对掌推

1. 游戏规则

将学生分成两人一组，让他们面对面站着。一人面向黑板，一个背朝黑板。然后请他们举起双手，将自己的手掌与搭档的手掌对贴在一起。

辅导老师喊“开始”后，每一组的同学都必须用力推搭档的双手。辅导老师要不断地为他们加油，例如，“使劲”、“只有几秒钟了”等。

2. 分享感受

请学生说说做这个游戏后的感受。

二、 团体转换阶段： 护蛋大行动

1. 分享护蛋心得

鸡蛋保护得如何？鸡蛋还在吗？我们给护蛋成功的孩子鼓鼓掌。在这 24

小时里，你们是了不起的强者，你们细心地呵护着鸡蛋，爱护了弱小的生命（揭题）。

请大家一起分享你护蛋过程中的感受吧！

2. 身边就有弱者

（1）小组讨论：如果我们身边有像鸡蛋那样弱小的人，你会怎么做？

（2）教师点评：你们很有爱心，懂得爱护弱小。可是，你们知道吗？被我们保护的鸡蛋竟然有很多的烦恼，请大家看屏幕。

三、团体工作阶段：原来“弱小”是相对而言的

1. “我不是最弱小的”

（1）鸡蛋的自述：那么多小朋友保护我，我好感动！可是，我感动之后又很伤心，我是不是最弱小呀？我是不是最没用呀？

（2）你怎么看待鸡蛋的问题？

（3）鸡蛋是不是最没用呀？我们先来看一个故事。

（播放课件《我不是最弱小的》）

假日里，天气闷热，有一家人到森林里去：父亲、母亲、五年级的学生托利亚和四年级的学生萨沙。

森林里是那么美好。空地上长着一丛丛野蔷薇，其中有一朵花刚刚开放，粉红粉红的，芳香扑鼻。母亲和孩子们坐在草地上聊天，父亲在旁边聚精会神地看书。突然雷声大作，先是落下几滴雨点，接着大雨如注。爸爸赶忙把雨衣给了妈妈，妈妈接过雨衣却没有穿，而是把它给了萨沙。

萨沙问道：“妈妈，爸爸把雨衣给您，您又把雨衣给了我，你们干吗这样做呢？”

“每个人都要保护比自己弱小的人。”妈妈回答说。

“这么说我就是最弱小的了？”萨沙反问道。

“要是你谁也保护不了，那你不就是最弱小的了吗？”妈妈笑着回答说。

萨沙朝着蔷薇丛走去。她掀起雨衣，盖在粉红的蔷薇花上。滂沱的大雨已经冲掉了几片花瓣，花儿低垂着头，因为它娇嫩纤弱，毫无抵抗能力。

“现在我该不是最弱小的了吧，妈妈？”萨沙问道。

（4）小组讨论后全班分享：

现在萨沙还是最弱小的吗？为什么？

回到鸡蛋的自述，同样的道理，鸡蛋是不是最弱小的？为什么？

教师小结：让我们替鸡蛋自豪地说（课件出示）："我不是最弱小的！"

2. 游戏："摘桃子"

同学们，弱小是相对的，我们在四年级的大哥哥大姐姐面前是弱小的，但是，在一年级小弟弟小妹妹面前又是强大的。也许，我们在运动比赛方面是弱小的，但是在音乐方面却是强大的。所以，我们在得到别人帮助的同时，应该在心底里有一个强大的声音：我不是最弱小的！我也可以帮助别人。

接下来，我们做一个游戏，游戏的名字叫"摘桃子"。

"桃子"是卡纸做成的桃子图片，"桃子"贴在黑板或墙壁上。（说明：贴的高度不能太低，班里最高的孩子举起手或跳起来能摘到，但又不能太高，一个孩子抱起另一个孩子摘"桃子"基本能摘到）

小组内，高个子帮矮个子摘桃子。

同一小组，矮个子反过来帮高个子摘桃子。

（1）教师分别采访高个子和矮个子学生有什么感受。

（2）做完游戏，同学们有什么感想？

四、团体结束阶段：角色扮演

1. 情景剧表演

学校举行跳绳比赛，班里有一位同学跳得不好，绊住了好几次。比赛结束后，同学们对这件事议论纷纷，究竟会出现怎样的局面呢？

2. 小组排练并展示

全体学生分成6个小组分别排练并展示。

3. 评论

师生围绕"爱护弱小"展开评论，尤其要请扮演弱小者的那位孩子说说他的心声，让孩子们在表演的过程中体会"爱护弱小"的道理。

4. 教师小结

人无完人，在任何一个集体中，总有同学这方面强一些，那方面相对弱一些。也许，这方面你比别人强，另一方面你就比别人弱了。所以，遇到困难时，应该互相鼓励，互相帮助，我们始终相信：只要能爱护比自己更弱小的人，你就不是最弱小的！

活动反思

一个集体中包括很多成员，再和谐的集体，也总有强弱之分，在这样的现实情况下，对孩子进行“爱护弱小”的辅导就显得特别重要。“爱护弱小”的道理，孩子们都能知道，但不一定做得到，这节心育活动课的难点之一便是让孩子们体验到“爱护弱小”所带来的快乐。本节课通过“护蛋大行动”、“摘桃子游戏”、“角色扮演”等活动，让学生体验爱护弱小同学所带来的自豪感和愉悦感。

这是一个敏感的话题，如何既让学生正确看待身边的弱小同学，体验爱护弱小所带来的快乐，又要尊重班级里相对弱小的孩子，保护他们的自尊心，在活动中不涉及他们内心脆弱的一面，是本次活动特别需要注意的地方。

（浙江省嘉兴市南湖国际实验学校　邹伟红　诸文仙）

【活动参考资料】

护动物之弱

1. 出示清华大学学生刘海洋“硫酸泼熊”事件的照片及媒体评论。

2. 分组讨论：

你对“硫酸泼熊”事件有何看法？

我们在日常生活中应该怎样爱护身边弱小的动物？

3. 教师小结：黑熊虽然身体强壮，但比起具有高智商并掌握高科技的人类来说，它们依然是弱者。尽管刘海洋事后通过媒体表示“向黑熊道歉”，但黑熊不会说话，也不可能接受人类的道歉。向黑熊道歉，其实是向人类自己道歉，是人类心灵的忏悔，也是人类对“以强欺弱”这种愚蠢和无知行为的反思。

（浙江省杭州市西湖小学教育集团文新小学　薛　梅）

欺负弱小的人通常是混乱和不安全的

欺负别人的人通常是可怕的、混乱的、不安全的。欺负者也重视攻击行为，他们预期到攻击行为可以让他们得到他们想要的，并且觉得使用敌意行为来表达他们的意愿是正常的。考察他们的背景，一般都可以发现他们曾经也受到过伤害。一些欺负他人的儿童平时很少受到约束，有一种他们可以随心所欲做事情的观念。另外一些儿童变得经常欺负弱小是由于对其他同伴有敌意性的认识，即使这个认识并不真实。他们觉得敌意性的攻击是一种维护他们权利的正当形式。第三种可能就是指那些经历了巨大生活变故的儿童，他们通常会变得愤怒和混乱。由于不能控制周围的环境，他们就通过胁迫来控制其他人的行为。他们不是冒险地要对身边的人表达他们的愤怒，而是要在同伴中寻找“安全”的目标。最后，那些在高压的家庭氛围里生活的儿童通常会对同伴实施欺负行为。不管是什么促使了这种行为，欺负行为在学前和小学阶段早期往往不会受到抑制，在中学才被作为不良行为。而且，一旦欺负弱小儿童的行为变成了某些儿童的一种标准的模式，那么他们日后卷入暴力犯罪、入狱、家庭暴力、虐待子女、找不到工作的机会要比一般成人高四倍。

（马乔里·J. 克斯特尔尼克：《儿童社会性发展指南——理论到实践》）

活动专题 26　我能“互助与分享”（互惠）

【活动参考目标】

1. 了解与理解

（1）理解同学之间应该互相帮助，包括主动帮助别人和记住别人对自己的帮助。

（2）理解同学之间要懂得分享，在物质上不能自私，在心灵上不要有“隔墙”。

2. 尝试与学会

（1）尝试更主动地互相帮助与分享，逐步从“玩伴”变成“朋友”。

（2）学会通过表达谢意和主动回报对方来加深平等互惠的友谊。

3. 体验与感悟

（1）在互助与分享的行为中感悟“无私”比“独占独享”更快乐。

（2）在同伴对自己的感谢和回报中感悟“善有善报”。

【活动参考课例】

一路同行

——我能“互助与分享”

活动理念

现在的学生大多数是独生子女，在家中，与同龄人交往较少，受父母宠爱，因而易造成他们不会主动、正确地与人互助和分享的交往障碍。所谓“互助”，是指两个或两个以上的个体通过相互之间的配合而实现共同目标的过程；“分享”则是指人与人之间共享快乐，分担忧愁。小学三年级的学生在与同伴交往当中，已初步具有了分享与互助的意识，但体验不够深刻，同时缺乏互助与分享的技巧与方法。因此，帮助学生从小学会怎么与人互助和分享，既是形成一个健康向上的集体的必要条件，也为他们将来愉快地与人交往打下坚实的基础。

活动准备

准备布置游戏场地所需的物品，每一组的旁边放上桌子、摔倒的凳子，目的地放一本书；准备表演小品所需的人物角色标志牌；准备多媒体课件；将学生分为几组，每组六到七人。

活动过程

一、团体热身阶段："爱的鼓励"

1. 游戏规则

全体起立。每位同学都举起双臂，掌心相对。听老师的口令击掌，一、二、一、二、一……（先慢后快）

2. 分享

听到这掌声，你的心情怎么样？

教师小结：掌声带给我们的感觉真好，老师感受到了每一个人快乐的心声，感受到了大家相互之间的一种爱的鼓励。就让我们给这掌声起个非常好听的名字吧（出示课件——爱的鼓励），下面就让我们在"爱的鼓励"中开始今天的活动课吧！

二、团体转换阶段："蒙眼取书"

1. 游戏规则

今天我们玩的游戏名字叫"蒙眼取书"。全班同学分成六组，各组分别选出一名小朋友参加游戏。这些小朋友将被蒙上双眼，从教室最后边一起出发，要绕过过道上的桌子、扫把等，手不许摸任何东西，安全地到达目的地讲台以后，谁先把书拿到，谁就胜利了。谁愿意上来试试？

2. 比赛

教师将参加游戏的小朋友的眼睛蒙上，并让他们在出发地点站好。

参加游戏的学生在"爱的鼓励"的掌声中小心翼翼地绕过障碍，走到讲台桌后，教师宣布游戏结果。

3. 分享

（1）教师采访六名学生：你刚才做游戏时的心情怎么样？心里是怎么想的？

（2）小组讨论：有什么办法可以让这些同学充满自信地快速安全地到达目的地呢？我们能为他们做些什么呢？

（3）请刚才做游戏的同学各选一个好朋友来扶着自己再进行一次游戏，然后分享感受。

蒙着眼睛的小朋友第二次参加游戏时心情怎么样？跟第一次做时比较一下。

扶着别人的小朋友心里有什么感受？观看游戏的小朋友心里又有什么感受？

（4）教师点评：朋友帮助你，分担了你的部分压力，这就是一种互助分享，它让你有了信心和勇气。

三、 团体工作阶段：“心灵剧场”

同学们，互助分享可以带给我们快乐。但是生活中，有的人因为不懂得这个道理，发生了一些不开心的事情。下面让我们走进“心灵剧场”去瞧一瞧。

1. “心灵剧场”：《丁丁、亮亮和明明》

放学路上，丁丁拿着一个玩具汽车津津有味地玩着，边玩边说：“哈哈，今天是我生日，妈妈买了个玩具汽车给我。我太开心了！”

这时，丁丁的同学亮亮看见了丁丁手中的新型玩具汽车，走上来说：“丁丁，借我玩一会儿嘛！”

“这是我刚收到的生日礼物，不借！”丁丁理直气壮地回答。

“你不借，我偏要！”亮亮不由分说动手就抢。

正在两人你抢我夺之际，明明跑了过来，摸摸后脑勺说：“咦？怎么回事？”丁丁和亮亮你一言我一语，讲述了事情的经过。明明了解了缘由后，用食指指着亮亮，大喊一声：“亮亮，是你不对！不许欺侮同学！”亮亮不听，头一歪：“哼，我就要玩！”明明一怒之下把亮亮推倒，亮亮倒在地上号啕大哭，丁丁手中紧紧握住的汽车也“啪”地掉在了地上，丁丁急得大叫起来。

明明手足无措了……

2. 小组讨论

（1）如果你是丁丁，亮亮抢你的玩具，你的心情会怎么样？

（2）如果你是亮亮，你现在被明明推倒了心里会怎么想？你为什么会抢丁丁的玩具？

（3）如果你是明明，你当时为什么要推亮亮？

（在学生交流以上问题时，教师随机板书）

板书：

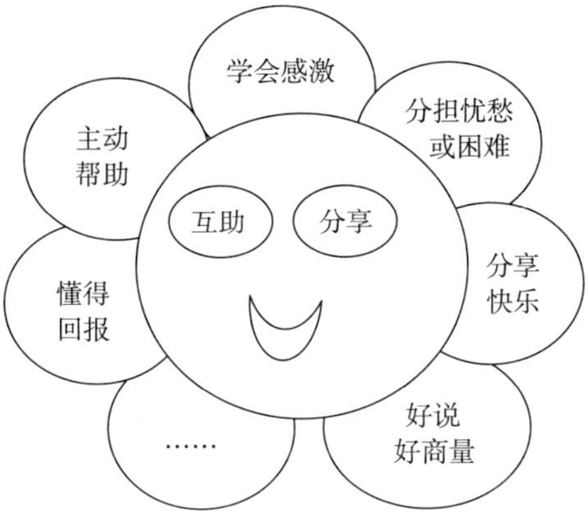

（4）教师点评：其实大家在课堂上分享、交流各自的想法，也是一种互助分享。

3. 改编小品

（1）假如时光老人又给了这些同学一次重来的机会，你觉得丁丁、亮亮、明明该怎么做才是真正互助、分享呢？

（2）以小组为单位修改小品并排演。

改编情节：

放学路上，丁丁遇到了亮亮，亮亮见丁丁手中拿着一个玩具汽车，很想玩，就向丁丁借。因为是才收到的生日礼物，丁丁不太乐意借给亮亮。亮亮……明明见了……丁丁……

（3）角色扮演：两到三组学生上场表演。

（4）评价反馈：刚才我们欣赏了这几组同学改编的小品，你们觉得改编的小品中，同学们的哪些言行说明他们是真正地互助与分享？

如果被帮助一方不懂得感谢和回报，又会出现怎样的情况？

（5）教师点评：通过观看小品，我了解到大家对人与人之间如何能够保持互助、分享的朋友关系已经有了一定的认识。让我们给自己一次“爱的鼓励”吧！

四、团体结束阶段："小卡寄情"

1. 分享心得

上了这堂课后，你有什么感受呢？今天我们就在手中的卡片上，写下自己的心得与大家分享，好吗？（播放背景音乐《朋友》）

（反馈：读卡、送卡）

2. 教师小结

让我们一起珍惜身边的朋友，和朋友一路同行（板书课题），互帮互助、分享快乐与忧伤，因为分享比独占更快乐！同时，也不要忘记，当别人帮助了你的时候，你一定要向他表示感谢，并且也要在适当的时候回报和帮助对方。做到了这些，我们未来的路将越走越精彩，我们的人生将充满欢笑。

让我们在"爱的鼓励"中再一次感受互助分享的快乐吧！

活动反思

"活动"和"体验"是心育活动设计的两个核心要素。懂得"互助分享"是一个人对待他人的积极态度。课前我不断地思考，应通过什么方式使三年级的孩子主动与他人互助和分享。我想，必须按照孩子的学习方式创设活动，让孩子在活动中体验生活，让他们的心灵感受"互助分享"。为了达成目标，我安排了以下四个环节：

团体热身阶段的游戏"爱的鼓励"，促成了学生的初步互动。这一活动既创设了轻松、和谐、平等的课堂氛围，又为"爱的鼓励"贯穿本课、深化主题做好了准备。团体转换阶段的"蒙眼取书"游戏，深深吸引了每个孩子的注意力，同时也引发了孩子们的思考，让其初步掌握"互助分享"：朋友有困难时我们要主动伸出友谊之手，别人帮助了你，你要及时表示感谢。团体工作阶段以"心灵剧场"的形式，联系孩子们的生活实际，让学生演绎了自己身边的人和事，唤起孩子的情感体验。最后，在充满温情的音乐的渲染下，孩子们的情感在对多姿多彩的生活事件的描述中得到了升华。

当然，要让学生真正学会互助与分享，仅仅靠这一节心育活动课是远远不够的，还必须开展一些后续活动，让"互助分享"成为他们的自觉习惯，并渗透到他们的日常生活行为中。

（浙江省温州市平阳县昆阳镇第二小学　游小央）

【活动参考资料】

互惠是儿童中期友谊关系的突出变化

孩子们的友谊概念最主要的变化，是因他们对友谊关系中互惠性成分理解的改变而产生的。

在大约 6～8 岁的时候，小孩子对于互惠性的认知是简单而且具体的。这个年纪的孩子会比较重视人际关系中即时性的物质以及社会性的得失；他们也已经知道为了维持友情，自身所必须去做的一些行动，像是与对方分享东西或者是和朋友一起玩等，而且会很严格地视其为必须遵守的规则。进一步来说，当孩子们遵守这些规则提供正向的回馈时，友谊关系就可以持续；反之，如果不小心违反这些规则的话，关系就会立即崩坏并且会被拒绝往来，除非事后他们有试图弥补的行为以示好。

而对于 8 岁以后到接近青少年期的较大儿童来说，这种互惠性的概念已经逐渐延伸到更加特定的活动或者是心理特质上了。在这一个阶段的友谊关系，也比较需要处于平等立场的同伴间的相互适应认同以维持发展。孩子们也会开始在友谊中寻求一些抽象的特质，比如说共同合作、亲密感、信任以及相互尊重，等等。而且，他们也慢慢开始认为一个好朋友不是随便其他人可以取代的。到了青少年期，互惠性的概念更进一步包含了一种“拥有共同的理想目标”的所谓相互性的自我认同概念。在这个阶段，彼此间的信任以及忠诚、支持，甚至分享一些个人不欲人知的秘密和困扰成为最重要的事。所以，若此时期的友谊关系产生危机，我们必须要先了解，到底是因为何种不负责任或是不信任的行为导致这种情形的发生，然后我们才能对症下药以图挽救之。

（Phil Erwin：《成长的秘密——儿童到青少年期的友谊发展》）

6～12 岁是助人行为发展最快的时期

皮亚杰认为，儿童的道德是经历了“他律道德性”和“自律道德性”两个有质的差别的阶段发展起来的。在第一个阶段，儿童认为规则是由外在的权威给予的，因此，必须遵守并根据对它的服从或脱离的程度来辨别善恶。

皮亚杰认为，这类“他律道德性”的特征来自儿童在这一时期的认知方式，即自己和他人分不开，也就是“自我中心”性。在第二个阶段，儿童认为规则是通过相互约定而形成的，而且能够变化。此时，儿童脱离了自我中心，变得会关心他人。于是知道不应辜负朋友的期待，开始考虑各人的不同情况。在这个阶段，儿童由于关心他人的想法和感情，移情能力的增强，帮助人的行为也逐渐增多。研究发现，儿童帮助他人的意愿是随着年龄而增强的，与他们的道德推理直接相关。例如，格林和施奈德（1974）的研究表明，在儿童分享糖果和帮助他人完成打扫任务这两件事上，助人的意愿累进式地增加。直到9岁或10岁，所有的儿童都愿与他人分享和助人。

一般认为，6～12岁是助人行为发展最快的时期，这与儿童的认知能力的发展和生活范围、内容的变化密切相关。心理学家在对助人者的采访中发现，个人在家庭中的早期社会化对成年之后的利他行为有非常重要的影响。有人认为，如果父母以热情、支持和爱护的方式对待儿童，就会使儿童建立起一种利他和助人的心理倾向。

［钟志农：《心理健康教育课教师指导手册（小学分册）》］

活动专题27 我能“合作你我他”（合作）

【活动参考目标】

1. 了解与理解

（1）了解人与人之间密切合作的重要意义，增强与人合作的意识。

（2）理解在合作中重要的不是突出个人，而是相互配合。

2. 尝试与学会

（1）在游戏情境中，初步掌握合作的基本技巧。

（2）在较为复杂的合作情境中，初步学会在遇到困难挫折时不相互埋怨、相互指责。

3. 体验与感悟

（1）在游戏情境中体验合作带来的成功喜悦。

（2）感悟个人的力量总是有限的，个人只有融入团队，才能更快更好地解决问题。

【活动参考课例】

合作小秘诀

——我能“合作你我他”

活动理念

心理学认为，合作是两个及两个以上个体为实现共同目标而采取的某种行为。合作是社会性行为的表现，也是儿童不可或缺的适应社会生活的能力。在三年级学生的合作过程中会出现以自我为中心、偷懒逃避、互相推诿、互相指责等现象。本节心育课旨在通过活动，让学生体验合作过程，引导他们认识合作的重要性，培养他们初步的合作意识，并初步掌握在学习、生活中合作的基本技巧，体验合作带来的成功喜悦。

活动准备

准备多媒体课件，排练木偶剧；准备“神奇果”、小黄帽、七巧板和小红旗；将学生分组，每六人一组，T 型排列。

活动过程

一、 团体热身阶段：《雨点协奏曲》

1. 导入

同学们，我们能利用身体的任何部位碰撞发出声音吗？

（学生尝试用身体各部位碰撞发出各种声音，教师予以肯定）

2. 游戏过程

让我们用身体碰撞发出的声音来演奏一曲《雨点协奏曲》吧！小雨用手指互相轻轻敲，中雨用两手轮流拍拍腿，大雨用双手大力鼓鼓掌，暴雨用两脚用力跺跺脚。现在开始下小雨啰！“小雨小雨，沙沙沙，沙沙沙；渐渐地雨越下越大，成了中雨，滴答滴答滴答，滴滴答答；雨越下越有劲，渐渐地变成了大雨，哗哗哗，哗哗哗；后来天公发怒了，狠狠地下起了暴雨，哗啦啦，哗啦啦，下得真过瘾呀！累了累了，歇歇了，暴雨变成了大雨，大雨变成了中雨，中雨又渐渐地变成了小雨，沙沙沙，沙沙沙……雨停了。”

3. 教师点评

我们通过身体各部位的配合，一起演奏了一曲美妙的《雨点协奏曲》，真有意思！

二、团体转换阶段：“小精灵”的苦恼

情景剧《木偶小精灵》

今天，老师给大家讲一个故事。

在遥远的森林里，有两个可爱的小精灵中了魔法，变成了木偶人。瞧，他手臂直直不能弯，腰板挺挺不能动，脖子硬硬不能低。（教师边说边示范）只有一种“神奇果”才能解除他们所中的魔法。他们在森林里艰难地行走，寻找能解除魔法的“神奇果”。看哪，小精灵向我们这边走来了！（事先安排的两个学生扮演“小精灵”，表情痛苦、动作僵硬地上场）他们找啊找，啊，终于找到了！（拿出事先准备的草莓或圣女果等）小精灵你们想解除魔法获得自由吗？你们能吃到果子吗？（“小精灵”因为身体僵硬怎么努力也吃不到，十分痛苦）怎么办？同学们能帮小精灵出出主意吗？

（1）学生自由发言，由“小精灵”尝试学生提出的各种办法，教师询问“小精灵”的感受。

“小精灵”采用学生提出的互相喂食的办法吃到果子后，转转脖子、扭扭腰，舒展了一下双臂，互相握手说“谢谢”后退场。

（2）小组讨论：看到这里，你有什么想说的吗？（全班交流）

（3）教师点评：你们的办法真好呀！你帮我，我帮你，互相配合、互相

帮助，让他们都吃到了“神奇果”，解除了魔法，获得了自由，这就是合作的好处！今天我们讨论的主题就是——合作。

三、团体工作阶段：“齐心协力巧拼图”

1. 第一次拼图游戏

怎样合作才能让我们取得更大的成功呢？合作成功又有哪些小秘诀呢？下面让我们一起来玩个游戏——“齐心协力巧拼图”。

（1）确定观察员：每组推选一名观察员，观察员戴上小黄帽后，上下两组互换。为了不影响该组活动又便于观察，请观察员站在该小组的左后方。

（2）明确观察员的职责：

A. 仔细观察该组合作情况；

B. 协助教师检查该组拼图完成的质量，每个拼图形状与屏幕提供的图形应保持一致；

C. 验收合格后领取一面红旗奖励该组；

D. 游戏结束后监督该组成员不要触碰拼图或七巧板。

（3）说明游戏规则：

A. 每组三副七巧板，分别拼成屏幕中所提供的两个图形（如右图）；

B. 拼图要求平整规范，每个拼图的形状应与屏幕所提供的图形保持一致；

C. 游戏开始和结束都以哨声为准，游戏结束哨声响后不能再触碰拼图或七巧板。

（4）分发拼图图片，游戏开始。学生拼图，教师观察。（有一半以上小组完成时结束游戏）

（5）小组讨论：你们这么快地完成了拼图，有哪些秘诀可以和大家分享？又是什么原因影响了你们的合作进程？

成功的小组汇报——

学生谈体会：要有共同的目标、要有组织人，要互相配合、合理分工、服从分配、互相帮助、扬长避短，要有牺牲精神……

未成功的小组汇报——

学生谈教训：各干各的，没人指挥，互相埋怨……

（6）教师点评：在合作中互相埋怨，互相指责，不仅不会成功完成任务，而且组员之间还会闹得不欢而散，真是太可惜了！要是当时他们为了共同的目标，合理分工，互相配合，结果也许就不是这样了。

2. 第二次拼图游戏

（1）小组讨论：如果再让你们来合作拼图，你们会怎么做呢？

（2）学生汇报，同时教师请准备好的小组举手示意。

（3）推举出一名观察员，再次明确观察员的任务。请观察员把该组的七巧板打乱顺序堆放在桌子中间。

（4）再一次明确拼图要求。

（5）第二次拼图游戏开始，教师应多注意观察第一次失败而第二次成功的小组。

（6）游戏结束后分享：通过这两次合作，你们有什么想说的？（请第一次失败而第二次成功的小组谈体会）

（7）教师点评：在游戏中同学们不但发现了合作的秘诀，而且还运用合作秘诀获得了成功，同时还感受到了合作成功带给你们的快乐和喜悦，同学们真能干！

四、团体结束阶段：交流感悟

1. 小组讨论

在我们身边有哪些事情需要合作？该怎样合作呢？

（学生交流反馈）

2. 教师小结

我们一起生活，一起学习，一起游戏，有许多事情都需要合作，而运用合作的秘诀可以让我们在合作中取得更大的成功，合作的过程也更加愉快！最后老师送给大家一句话：“一个篱笆三个桩，一个好汉三个帮。”

3. 用于实践

全班运用合作小秘诀快速排队离开教室。

活动反思

在心育活动的设计过程中，我充分考虑到三年级学生的年龄特点，设计了情景剧和游戏来调动学生的参与热情。学生在活动过程中的确表现出极大的参与热情，在真实的情感体验和团体互动中，实现了自我认识、自我反思及自我成长。整个活动虽然从表面上看只是一个游戏，但并非简单的重复，而是有着从感悟合作技巧到运用合作技巧上的变化，体现出活动主题的逐步深化。从学生的反应和活动的结果来看，这次活动收到了预期的效果。

在本次活动过程中我有两点体会特别深：一是教师对于活动的理念一定要明晰。活动课前应对与合作相关的概念进行理念辨析，做到心中有数。在第一次拼图游戏后，我让学生谈谈合作成功的小秘诀时，总会有同学很笼统地说："我们组很团结。"此时教师要让学生理解"合作"和"团结"还是有区别的，以免学生把这两个概念混淆。二是活动过程中的游戏规则一定要明确。七巧板对学生有着很强的吸引力，在拼图游戏中学生很难严格遵守游戏规则，尤其是还没有拼完拼图的小组，他们总是在游戏结束后仍不断摆弄七巧板。面对这样的情况如果教师调控不慎很容易影响后面关于合作小秘诀的讨论。为了让游戏有序进行，我还设置了小观察员，但是在操作过程中观察员佩戴的标志不够明显，职责不够明确，所以场面还是有一点小混乱。因此，我深刻地体会到在组织游戏前，先明确游戏规则是十分重要的。

（浙江省嵊州市育英小学　陈　英）

【活动参考资料】

儿童既要善于合作又要敢于竞争

合作与竞争都是社会性行为的表现，也是儿童适应社会生活所不可缺少的社会技能。合作指的是不同的个体为了共同的目标而协同活动，促使某种既有利于自己又有利于他人的结果得以实现的行为和意向。全班同学为了使集体在运动会上成绩名列前茅而共同努力的行为和意向即是合作的体现。与此相反，竞争则是指不同的个体为了同一目标展开争夺，促使某种只有利于自己的结果得以实现的行为和意向。个人努力学习，想在期中考试中名列班级第一的行为和意向则属于竞争。如果儿童缺少合作精神，不愿意与他人合作，或者缺乏合作技巧，而不善于与人合作，都可能会影响到儿童的社会性发展。另一方面，缺乏竞争性也会影响儿童的行为动机，影响其能力的发展。在社会交往中可能会因缺乏竞争力而被人忽视。合作与竞争并不是相对立的，而是相互联系、相互共存的，如，游戏活动中既有小组与小组之间的竞争，又有小组内部的合作，儿童既要善于合作又要敢于竞争。

合作是生活与学习的需要。合作不仅能帮助他人解决问题，同时自己也能从别人那里学到新的思想和方法，体会到人与人之间合作的快乐，共享成功的喜悦。合作需要每个成员最大限度地发挥个人的积极性、主动性和创造性。每个人都有自己的长处和不足，在看待事物上也会有不同的观点。可是，依靠一个人的力量往往无法对事物进行全面完整的分析，找出至善至美的解决方法。但如果发扬合作精神，效果就会大不一样了。正所谓“一个篱笆三个桩，一个好汉三个帮”。大家在一起可以集思广益，最终取得优异的成绩。

儿童早期合作行为的发展同他们的社会交往技能、社会认知能力和自我概念有密切的关系。随着儿童社会认知能力的发展，他们已经能根据不同的社会目标，比较灵活地采取合作或竞争行为。例如，对合作行为有所奖励时，7～12 岁儿童都能更多地采取合作行为；但如果奖励取消时，7～12 岁儿童的合作行为就会减少。施米特等人（1980）的研究发现，6～13 岁儿童已能灵活地改变行为方式以适应预定目标，在合作性目标条件下，儿童的合作行为较多，能更好地与同伴合作完成任务；但在竞争性目标条件下，儿童的竞争行为会多于合作行为，完成任务的成绩也较差。

［钟志农：《心理健康教育课教师指导手册（小学分册）》］

活动专题28 我能“听劝不任性”（从善）

【活动参考目标】

1. 了解与理解

（1）了解以哭闹、争吵、撒娇、耍赖、顶嘴、发脾气等手段达到自己目的的做法都是不受人欢迎的。

（2）了解一个人要听从别人的批评、意见和劝告，不固执己见，才能与大家和睦相处。

（3）懂得在集体中处理各种问题的基本规则。

2. 尝试与学会

（1）尝试在遇到不合自己心意的事情时，能做出有效而适当的举止行为。

（2）尝试在与他人有不一致的意见时，能够听从别人的劝告和批评。

（3）尝试在个人想法与集体决定发生矛盾时，能够服从集体的决定。

（4）尝试在个人出现错误行为时，能够听从老师和家长的批评教育。

3. 体验与感悟

（1）在矫正以自我为中心的人际交往行为模式的训练中体验成长的艰难。

（2）感悟大集体不是小家庭，用“我就是要怎样”的方式来对待别人，只能使自己离大家越来越远。

【活动参考课例】

心中不能只有“我”

——我能“听劝不任性”

活动理念

由于独生子女的家庭环境及不当的家庭教育等因素，造成一些小学生形成了任性的不良性格。任性的孩子往往以自我为中心，无论需求是否合理，都非达到自己的目的不可。对于别人提出的劝阻，他们往往是越被劝阻，越坚持，明显地缺乏自控能力。这样的孩子在群体中难以得到迁就包容，他们的任性行为直接影响人际关系，并进一步影响健康人格的形成。因为三年级正是小学生“自我意识”发展的快速上升时期，防止任性孩子的个性缺陷继续扩大显得尤为迫切，因此，很有必要在三年级时开设有关的心育活动课。

活动准备

多媒体课件；一块“石头”，一条模拟小路，“小乌龟”、“小公鸡”、“小白兔”头饰各一个；分发“对抗任性”表格（每人一份）。

活动过程

一、团体热身阶段：“小树长高了”

长大的感觉

我们是一群共同成长的“小树苗”，总有一天要成长为一片“森林”。我请五位同学模拟小树苗长大的过程，大家一起体会一下长大的感觉。

（1）“小树长高了”游戏规则。

五位同学坐在地上，面对面围成一圈并拉起手。老师要求五位同学同时站起来。（因为每个人的双手都向下用力，所以大家都站不起来）

我建议你们，不要抢着起来，可以试着一个一个站起来。（学生们互相商量后，逐一站起来）

（2）分享感受。

师：“小树苗”，第一次你们为什么站不起来？

生1：当我自己想先站起来时，两边的同学也都想站起来，因此总感觉有一股力量把我往下压。

师：此时，你的心里可能只想到了自己想要长大，是不是没考虑到周围的同学啊？结果是，谁也站不起来，更别说都站起来了。

师：“小树苗”，第二次你们为什么能完成任务呢？

生2：听了老师的建议，大家明白了互相照顾的重要性，一个一个站起来，就没有了阻力。

师：其实，这个游戏的目的是要让我们懂得关心他人，多为他人着想。看来老师的建议很管用哦！（板书：我能听劝不任性）

二、 团体转换阶段：《小虎和变形金刚》

1. 播放视频

全家人正在给妈妈购买生日礼物，结果小虎却买了很多自己喜欢的东西，还不满足，还想要买一个新款的变形金刚。

师：（视频暂停）请问有同学想对小虎说些什么吗？

生3：小虎，你太不懂事了，今天可是给妈妈买生日礼物的呀！你怎么能只想你自己呢？……

（继续播放视频）小虎走到玩具柜台退货，打算用退回的钱给妈妈买礼物。

师：（视频暂停）现在有同学要对小虎说些什么吗？

生4：小虎，这回你懂得孝敬妈妈了！虽然你做了一件正确的事情，可是不跟父母打招呼就离开，这样做多让父母担心啊！

（继续播放视频）小虎回到家又开始缠着爸爸买那个新款的变形金刚，很晚都不肯睡觉。

师：（视频暂停）看到这儿，你认为小虎是一个怎样的孩子？你愿意和小虎做朋友吗？为什么？

（学生充分发表意见）

教师现场统计数据：全班同学中愿意和小虎交朋友的有2人，不愿意和小虎交朋友的有34人。

2. 教师点评

在家里，因为父母的宠爱，孩子的任性问题往往被大人们忽略了，可是在小伙伴当中，很少有人愿意和任性的孩子交朋友。大家都认为，任性的孩子很自私，所以和这样的孩子在一起，会不快乐。

三、团体工作阶段：为他人着想

1. 续编小虎的故事

（1）分组讨论：假如我是小虎，我会怎么做？假如我是小虎的爸爸妈妈，我会怎么说？

（2）以小组为单位，续编小虎的故事。

（3）全班展示。

2. 对抗任性

当有事情发生时，若只考虑自己的感受，一味地任性，就会伤害身边的亲人和朋友。长此以往，就会失去很多朋友，伤害亲人朋友的感情，自己也得不到快乐。请大家取出“对抗任性”表，一起直面自己的任性。

“对抗任性”表

A. 最任性的一件事（用一两句话简要说明）	
B. 如果再次经历这件事，我会这样来劝说自己不要任性	
C. 同学的建议	

（1）学生独立完成 A、B 两项。

（2）选择三四个有代表性的任性事件全班交流。教师引导、点评，学生选择有用的建议记录到表格中。

（3）教师点评：听了同学们的交流，老师感受到，如果能成功对抗任性，多为他人考虑，大家的性格一定能比以前更开朗阳光，拥有更多的朋友。

3. 补充建议

当自己的要求得不到满足时，也不要任性发脾气。不如换一种方式，把心里的不愉快宣泄出去。可以听听音乐、骑骑自行车、读读书或是与朋友交谈。

四、团体结束阶段：交流感悟

1. 分享体验

通过这节课的交流，你有什么收获吗？

生 5：任性的孩子肯定不受欢迎。每个人都不能由着自己的性子做事，不要在要求得不到满足时乱发脾气，大声哭闹。

生6：要多考虑别人的感受，理解他人才能拥有朋友。

……

2. 再做游戏“小树长高了”

我们带着这些收获，再来做一次“小树长高了”的游戏。

3. 教师小结

同学们，爱因斯坦曾经说过，生命的意义在于设身处地替别人着想，忧他人之忧，乐他人之乐。只要你能够一点一点地去改变自己任性的性格，多为他人着想，你将会拥有更加快乐的童年！

活动反思

本课一开始的热身环节，在游戏中启发学生要为他人着想。团体转换阶段视频的播放、点评，以及团体工作阶段续编故事的表演，是一组对比性较强的思考情境，让学生在旁观中学会正确看待自己不能满足的要求。这个年龄段的孩子，在情感归属上逐渐向伙伴认同过渡，因此，教师在现场做的调查，对学生的引导作用是不言而喻的。学生填“对抗任性表”，是在之前情感动机铺垫的基础上完成的，引导学生探寻通过“理解他人”、“听从劝告”等方式克制任性，是一种方法指导；老师的补充建议，则是从个性培养的高度，对学生负面情绪转移、宣泄的指导。活动最后，仍是通过学生分享全课的收获，重做“小树长高了”的游戏，以进一步发挥积极暗示的作用。

（浙江省宁波市江东区外国语实验小学　卢　丹）

【活动参考资料】

儿童的优越感、自恋与任性

优越感是从早期儿童自我中心萌发阶段遗留下来的。这个阶段大约在1～2岁。此时，儿童自然而然地体验到自己的“重要性”，这对发展很关键。但这也是一个转折期，因为不久之后他们就必须将自己“不可战胜”的体验与现实世界，包括对他人的尊重在内，整合在一起。然而在某些情况下，“特别感”的泡沫从来没有破灭；而在另一些情况下，却会突然爆发，比如当父母或看护人带给孩子极大的羞辱，或者孩子在体验到羞耻感之后又没有得到慰藉的时候。无论是体验到强烈的羞耻感还是未得到大人们妥善的保护，那些抱有幼儿时期幻想的孩子，因为没能逐步将自己放到同他人平等的位置上，而无法摆脱自己是世界中心的信念。这样的孩子会变成自私的“优越感怪物”，与社会格格不入，他们没有能力通过让步和妥协来建立互惠的人际关系。这些孩子成年后变得性格傲慢，总是期待别人看到自己的优点。如果还能获得较高的地位，他们就会变成自负的暴君，我行我素，从不为他人考虑。

当自恋者声称“我应该得到”的时候，他其实并没有感到实现了自我价值。自恋式的优越感和真实的自尊不同，后者来源于实际的成就以及自身理想的实现，那些自觉不需要付出就有权得到尊重，或认为不需要努力就能得到回报，或期待万事随心所欲的人，正在丧失把握自己命运的能力。

（Sandy Hotchkiss：《自恋》）

活动专题 29 我能“换位来思考”（同理）

【活动参考目标】

1. 了解与理解

（1）了解遇到事情时不仅要考虑自己的想法，也要照顾到别人的想法，要站在对方的角度去想一想他的感受。

（2）懂得只有站在别人的位置上“换位思考”，才能更加理解人、关心人，才能有足够的爱心去帮助别人。

2. 尝试与学会

（1）尝试学会使用某种句式表达对别人的理解。

（2）尝试通过自己适当的表情和行为举止来表示对别人的理解和关心。

（3）尝试在与同学出现意见分歧时，能够认真考虑对方的意见，并对他的某些观点表示理解和认同。

3. 体验与感悟

（1）根据画面或情境提供的线索，运用“如果有人对我这样说，我会感到……”这样的句式，来体会当时主人公的感受。

（2）转换位置，站在对方的立场上，设想自己的语言或行为可能给对方带来的后果。

【活动参考课例】

假如我是他

——我能“换位来思考”

活动理念

“换位思考”就是理解别人的想法、感受，从对方的立场来看待事物。它需要人暂时放下自己的主观意识来理解别人的观点，了解之后才能真正地开始“换位”。三年级的学生自我意识逐步提高，常常出现取笑别人、幸灾乐祸、起哄等不良行为。他们以自我为中心等认知上的偏差，导致他们在处理人际关系时常常出现问题。本次心育活动课以合理情绪疗法中提到的黄金规则——“用希望别人怎么对待你的方式去对待别人”为理论依据，引导学生尝试换位思考，帮助学生逐渐掌握正确的人际交往技巧。

活动准备

信封、表格、贺卡；多媒体课件。

活动过程

一、 团体热身阶段： 贺卡的启示

1. 我喜欢，我选择

（1）教师出示三种不同样式的贺卡，让学生选择自己喜欢的贺卡，并说说选择的理由。

（2）教师点评：看来同样是选贺卡，不同的人会有不同的选择，并且都有自己的理由。像这样因为自己喜欢它所以才选它，我们称为“站在自己的角度上”思考问题。

2. 我们喜欢，我们选择

每个小组（4 人）只能选一种样式的贺卡，组员也可以不放弃自己的选择。

（1）小组成员商量后由小组长汇报：选出了一种，大家是怎样统一意见的？或选不出来，为什么？

（2）教师点评：从别人的角度来考虑问题，才能达成一致的意见。这就是我们在生活中遇到问题时的一种思考方式：站在他人的角度思考问题。

3. 揭题

如果我们站在他人的角度去思考问题，又会有怎样的收获呢？让我们一起走进今天的心育活动课——如果我是他。

二、 团体转换阶段：《多目与大雄》

1. 播放录像片段 A

班上来了个插班生名叫多目，他的各项成绩都比大雄差，大雄就趁机讥笑他，欺负他，甚至幸灾乐祸。

（1）学生观看录像并思考问题：大雄看到比自己差的多目是怎么想的，他是站在谁的角度考虑问题的？

（2）学生在小组内讨论：如果现在你是当时的多目，你会有什么样的感受？请你想一想，说一说。

如果我是多目

我的想法是______________________________。

我的情绪是______________________________。

我的做法是______________________________。

我希望被______________________________对待。

（3）全班分享。

2. 播放录像片段B

哆啦A梦用“角色转换电视机”让大雄看到“自己是多目”这个角色时，别人讥笑欺负他的表现跟他现在对待多目的行为是一样的，从而认识到自己现在的快乐是建立在多目的痛苦之上的。对于这一点，大雄感同身受，所以他后来出面替多目挨揍，最后赢得了多目的友情。

（1）学生边看录像边思考：大雄后来是怎么想的，怎样做的？他站在谁的角度思考问题？

（2）学生分组讨论并汇报。

（3）教师追问：试想如果大雄一直站在自己的角度考虑问题，他们之间的关系最终会怎么样？

3. 教师点评

从上面的短片中，我们可以体会到：考虑问题只从自己的角度出发很容易引起冲突和矛盾；假如站在他人的角度想一想，许多问题就很容易解决，并且也能让双方都感到愉快，赢得友谊。我们把这种从他人的角度看问题的方式，称为“换位思考”。

三、团体工作阶段：走进生活

1. 生活万花筒

出示一些生活中的场景让学生换位思考。

（1）情境A：

小美剪了短发，小刚看到后觉得很有趣，对着小美喊：“西瓜头，西瓜头，西瓜太郎。”

教师提问：小刚站在自己的角度看小美的发型，觉得很有意思。但如果站在小美的角度，假如我是小美，我会感到__________，我希望被__________对待。

（2）情境B：

小明上课时思维非常活跃，只是经常插嘴，让老师特别苦恼。

教师提问：小明站在自己的角度，觉得自己知道答案了，很想说出来。换个角度，站在老师的角度，假如我是老师，我会感到__________，我希望被____________对待。

（3）情境 C：

东东很爱玩电脑，导致数学成绩很差，于是，东东的爸爸给东东报了一个周末数学辅导班，东东知道后很生气，死活不肯去辅导班上课。

教师提问：假如你是东东，爸爸让你去辅导班，你心里会怎么想？假如我是爸爸，我会感到____________，我希望被____________对待。

2. 给自己把把脉

在我们的生活中，类似这样的矛盾冲突一定很多，请你们静静地想一想：你与家人、老师、同学之间发生的矛盾和冲突。

（1）学生填写表格。

人物（我和　　）时间（　　）地点（　　　）
事情的经过（　　　　　　　　　　　　　　　　　　　　）
换位思考（　　　　　　　　　　　　　　　　　　　　　）
假如我是（　　），我会感到（　　　　　　　　　　　　）
下次再遇到这样的事，我会（　　　　　　　　　　　　　）

学生填写，可以相互交流、互相提意见和建议。

（2）全班分享。

四、 团体结束阶段： 多替别人想

1. 播放歌曲《多帮别人想》

学生谈谈这节课的收获。

2. 教师小结

同学们，常把自己当做别人来想问题、想事情，你会收获一份好人缘，交到一大批好朋友。在活动快结束时，老师送给你们一句话：“换位思考，让我们的距离变得更近！”

活动反思

这是一堂以体验式学习为主的心育活动课，在几次的试教中，我发现学生并不能很好地理解什么是“换位思考”，以及如何运用“换位思考”的方式去看待问题。因此，我从活动素材的挑选和活动形式的选择入手，加以创新。

一、 活动设计重“实效”

一个好的活动设计往往可以激活整个团体，使学生身上各种潜在的成长困惑浮出水面，而各种解决问题的方案、策略、观点也会如雨后春笋般地生发出来。在设计本次的心育活动课时我紧紧抓住学生的年龄特点和活动主题的需要，选取学生在生活中经常碰到的典型事例，通过既生动有趣，又极富启发意义的活动，如贺卡、动画短片、生活短片等，让学生在真切而熟悉的生活情境中去体察、去联想、去分析、去反思，让他们在具体的角色关系中辨别是非曲直，产生深刻的心理体验。

二、 活动过程重“体验”

本节课首先通过哆啦 A 梦的“角色转化电视机”让学生理解“换位思考”，在师生共同观看、体验、探究的过程中，来寻找“换位思考”的方法。为了使学生在合作探究体验的过程中转变观念，我又通过“生活万花筒”，把学生在现实生活中遇到的人际交往问题带到课堂上来重现，让学生在潜移默化中接受行为训练，并进行迁移和运用。之后，通过填写“给自己把把脉”的表格，引发了他们对自身经历的回忆，由此对遇到过的困惑有了新的体验和感悟，促使他们自我认识、自我反思。最后，在轻松的音乐中师生畅谈收获，让这堂始于体验、感悟，终于迁移、运用的心育活动课留下余韵。

这次活动课让我感受到，活动设计的实效性比新颖性更重要，学生参与的过程比结果更重要，体验的过程比说教更重要。

（浙江省瑞安市塘下镇中心小学　林　娜）

【活动参考资料】

换位思考与亲社会行为

孩子的换位思考能力将帮助他们与别人交往。当我们能预知别人的想法时，社会关系就更可预测，我们也能更有效地回应别人的需要。换位思考能力强的人往往能表现出更多的移情和同情，也更善于解决社交中的困难情况。因此，他们特别受同龄人的欢迎。

虽然较强的换位思考能力是社会行为成熟的一个因素，但它未必一定导致亲社会行为。孩子想象他人的观点是根据情况而定的。在一项具有竞争性的任务中，换位思考技能娴熟的人表现出和在合作任务中相同的维护自己观点的能力。并且，就算孩子赞同他人的想法和感受，其他原因（如性格），也将影响换位思考能力是否作用于他的社会意识……能有效调节和控制情感的孩子愿意帮助有困难的人，也更善于处理社交冲突。自信的、善于交际的孩子做出亲社会行为的可能性也就更大。

最后，社交技能较差的孩子和那些易怒的攻击型的人，很难想象他人的想法和情感。他们经常对成人和同龄人态度很不好，事后也没有丝毫愧疚，不会从他人的角度去思考问题。因此，对这些青少年要进行换位思考教育是必要的，这样有助于缓解他们的反社会行为，增加其亲社会行为。

（劳拉·E. 贝克:《儿童发展》）

活动专题 30

我能“化解小矛盾”（沟通）

【活动参考目标】

1. 了解与理解

（1）了解同学之间产生矛盾是很难避免的，成长中必须学会化解小矛盾。

（2）了解同学之间出现矛盾的重要原因是我们的人际交往技巧不够成熟。

2. 尝试与学会

（1）尝试根据一定的人际关系冲突情境，对同伴的语言行为作出恰当的解释，以免造成对对方的“误判”。

（2）在与他人产生矛盾时，尝试学习同伴之间如何进行正常沟通，及时化解已经出现的小矛盾，提高自己解决人际关系矛盾的技巧。

3. 体验与感悟

（1）在角色扮演中，体验人与人交往时，恰当的语言行为方式与不恰当的语言行为方式给他人带来的不同感受。

（2）从同伴的反馈中感受自己在人际交往技巧方面需要改进的方面。

【活动参考课例】

校园“碰碰车”

——我能“化解小矛盾”

活动理念

小学生进入三年级后，同伴交往更加频繁，但交往技巧还不够成熟。因此，校园就像游乐场，学生之间的小矛盾、小摩擦层出不穷。在这种情况下，让学生能够正确面对矛盾，并掌握一些化解小矛盾的方法就显得十分必要。本课通过“碰车游戏”、“角色扮演”等一系列活动，帮助学生找到化解小矛盾的钥匙，并能积极地运用到实际的交往情境中去。

活动准备

多媒体课件，“话筒”1个，“碰碰车驾驶技术提升站”站牌3个；布置教室：将桌子搬走，在教室左右后三方各放10张椅子，三个方向分别坐三个小组，学生靠墙坐，组成一个游乐场。

活动过程

一、 团体热身阶段： 试开 “碰碰车”

大家喜欢开碰碰车吗？碰碰车可好玩了！让我们一起做个游戏——开“碰碰车”。

1. 游戏规则

两人一组，一人在前，一人在后。后面的人把两只手搭在前面这个人的肩上，组成了一辆“碰碰车”。大家要伴着音乐的节奏时快时慢地行驶。

2. 学生游戏

各小组自愿组合“碰碰车”。放音乐，游戏开始。

3. 教师点评

开碰碰车是一件多么快乐的事呀。其实我们的学校就像一个“游乐场”，我们每一个人就是一辆“碰碰车”。不信？请看视频《校园碰碰车》。

二、团体转换阶段：“碰车”事件

1. 播放“碰车”事件

课件呈现校园中的“碰车”事件。（如：做早操时，一个学生踩了另一个学生的脚……）然后让学生说说画面中都发生了哪些“碰车”事件。

2. 抢答“碰车”事件

这样的“碰车”事件经常发生在我们身边，你能来说一说吗？

3. 采访“碰车”感受

当这样的事情发生时，你的感受如何？小组内交流，教师当记者采访各个小组。

4. 教师点评

发生这样的事谁的心里都不好受，都不开心。我们是一个大家庭，大家在这个大家庭里你碰我一下，我碰你一下，是难以避免的。关键是发生了矛盾后，我们要想办法独立解决它，让自己重新找回快乐。

我们今天就要去寻找三把快乐的钥匙，下面请听寓言故事。

三、团体工作阶段：巧用“快乐钥匙”

1. 寻找快乐钥匙

（1）故事《猫和狗》。

猫和狗一起生活着。主人疼爱着他们，给它们吃一样的，住一样的。

一天，猫和狗津津有味地吃着主人给它们的肉。一不小心，狗的一块肉滚到了猫的碗边。猫不假思索地捡起那块肉就吃了下去。这下可不得了，狗厉声说：“谁让你吃我的肉的？还我的肉来。”听狗这么说，猫也不服气了，说："那肉是你的吗？上边写名字了吗?""你吃了我的肉还想狡辩?"狗更加生气了，露出了难得一见的凶相。猫也不示弱，摆出作战的姿势，向狗又是吹胡子又是瞪眼睛的。猫和狗谁也不让谁。

这时候，主人来了，看见猫和狗吵得那么厉害，就把它们分别拴在柱子上，谁也吃不到东西。

(2) 谈感想。

让学生听完故事后说说自己的感想。用以下的形式表达（课件）：

我想对狗说____

我想对猫说____

我想对自己说______________________________________

(PPT 出示)

猫和狗由于互不相让，结果不但都吃不到肉，而且还生了一场恶气。要是它们相互之间能够宽容和谅解，能够谦让一下，那自然就能吃得开开心心，快快乐乐。

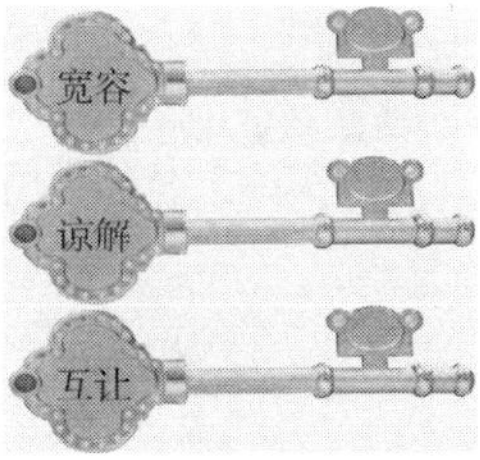

(3) 找钥匙。

三把"快乐钥匙"就在这几句话中，请你找一找。

学生回答后，课件出示三把大钥匙：宽容、谅解、互让（如左图）。

(4) 教师点评。

"宽容、谅解、互让"是解决小矛盾的金钥匙。当小矛盾发生时，大家只要使用这三把钥匙，就能让快乐再回到我们身边，让我们赶快去试试吧。

2. 运用快乐钥匙

请学生搬出"碰碰车驾驶技术提升站"的3个大站牌。

(1) 热热身。

学生再玩"碰碰车"游戏。

(2) 练练脑。

当两辆"碰碰车"相撞时，两队各派一名代表从"站长"那里抽一张答题纸，通过考核后才能继续行驶。

A. 我在做作业时，军军从我身边走过，把我的铅笔盒碰落在地，铅笔盒摔破了。

我想：____。

于是我____。

军军想：____。

于是我____。

B. 做作业时，同桌把手伸过来，害得我的字写歪了。

我想____。

于是我____。

同桌想：____。

于是我____。

……

（3）试试手。

A. 讲规则。

编演小品一定要使用“宽容、谅解、互让”三把“快乐钥匙”。

B. 编小品。

三个小组分别选下面对应的情境编小品、演小品：

①毛毛打旋转球时不小心把球拍打在站在旁边观看的锋锋脸上，锋锋痛得大声嚎叫。

②早上跑步时，小强无意撞倒了小庆。

③上课时，小明不小心把小红的书碰到了地下。

C. 演小品。

D. 教师点评。

当两辆“碰碰车”不小心“碰”在一起时，我们只要真诚地说声“对不起”，我们只要宽容地说声“没关系”，我们只要互相谦让、互相谅解，那么，不必要的矛盾就可以迎刃而解，笑容就可以重新回到我们的脸上。

四、团体结束阶段：感受“碰车”快乐

播放课件《校园碰碰车》（配乐：《校园的早晨》）。

初升太阳暖暖地照在身上，大家在校园里打球，跳绳，做游戏……偶尔碰一碰，互相握个手，大家笑一笑，又畅通了。（有快慢镜头的变化）

师生一同欣赏课件上的段落——

校园是个游乐场，你我都是碰碰车。
你碰我来我碰你，我碰你来你碰我。
只要说声对不起，只要说声没关系。
相互宽容多快乐，相互谅解笑呵呵。

活动反思

本次活动通过游戏、抢答、采访、讲故事、演小品等活动，从“碰碰车”事件入手，以学生回忆“碰车”感受为切入口，激起学生寻找“快乐钥匙”的愿望。然后，我又通过寓言故事让学生明白解决小矛盾的“快乐钥匙”就是宽容、谅解、互让。思路决定行动，有了什么样的想法就决定学生将会采取怎样的行动，所以我在“试试手”之前先让孩子“练练脑”，重点训练学生面对矛盾的勇气，引导学生不但从自己的角度看问题，也要从别人的立场想问题，更准确、全面、善意地理解别人，为解决小矛盾开启了第一道门。“试试手”是解决小矛盾的第二道门，可以让学生在情境中演练，在演练中成长。最后，我以校园歌谣的形式为学生做小结，期望他们今后会以宽容、谅解、互让的态度去处理同学之间的小矛盾，真正进入第三道门。

从操作过程来看，首先，在团体转换阶段，需要让学生在小组内充分体验“碰车”的感受，才能激发其改变的愿望；其次，猫和狗的寓言故事，如果换成贴近实际生活的真实案例，学生的体验可能更自然到位；再次，进行“碰车”游戏时需要有明确的游戏规则，防止出现混乱；最后，演小品时，学生如果能够根据自己的经历自编自演，效果会更好。

（浙江省嵊州市剡山小学　王　英）

【活动参考资料】

解决冲突的能力影响儿童的社交能力

道吉和他的同事研究了学龄儿童解决问题能力的五部分。他给孩子看一段录像，录像里的孩子在游戏中发生了冲突。在第一幕里，两个孩子在下棋，研究者让孩子用录像中主人公会不会让另一个孩子参加制定策略来参加这个游戏，他们的反应是这样编码的：

有能力的：礼貌地请求参加以及其他友好的行为。

攻击性的：威胁、人身攻击、不询问就闯入。

以自我为中心的：强调自我，如："哎，我知道怎么玩！"

消极的：羞怯，徘徊在周围等待别人邀请。

相信权威：如"老师说，我也能参加"。

接着，孩子们又看了五幕，每一幕中都由孩子用自己的方式解决问题。通过指出哪些策略会成功，哪些不会，被试者进行策略评估。最后孩子通过扮演这个要参加的游戏角色，实施了反应。

然后，在分离的场景中，研究者让这些孩子在现实生活中（在图书馆）试着加入一个同龄人群体的活动，对他们的实际社交能力作了调查。结果表明五种解决方法和孩子的具体行为有关。在学校操场上观察时也发现不同的解决问题方式将决定孩子加入活动的成功率。

初小阶段，解决社交问题的各种能力在很大程度上影响孩子的社交行为。在进入学校几年后，他们不断遇到更复杂的社会情况，这就需要更复杂的社会信息处理能力。这使与他人交往显得更加重要。

（劳拉·E. 贝克：《儿童发展》）

◆ 活动模块六

放飞想象

阶段目标：

训练和发展小学1～3年级学生的想象力，提高他们的想象力品质。

适用年级：

小学二、三年级，以三年级（下）学期为主。

活动专题 31　我能“想象多丰富”（想象丰富性）

【活动参考目标】

1. 了解与理解

（1）了解想象在学习活动中有很重要的作用。

（2）了解想象力比知识更重要。

2. 尝试与学会

（1）尝试进行“重组式想象”。

（2）尝试进行“对比式想象”。

（3）尝试多角度进行想象，使自己的想象变得更丰富。

3. 体验与感悟

（1）体验丰富的想象力给自己精神上带来的快乐。

（2）感悟学业上的成功离不开想象力的帮助。

【活动参考课例】

一片什么都像的云

——我能“想象多丰富”

活动理念

想象在儿童的学习和思维发展中具有重要作用。每个人天生都具有一定的想象力，要使之更加丰富，就需随时注意培养，让学生爱想、敢想、会想。本节心育活动课，主要通过丰富的活动体验，让学生感受想象的美好，体验丰富的想象力给生活带来的绚丽色彩。想象不是凭空产生的，它是人脑对客观现实的反映，必须以丰富的知识经验作为基础，所以“知识越丰富，想象越丰富”。言语的发展与想象的发展关系密切。小学生的想象是在言语的调节下进行的，并以言语的形式表达出来。仅有丰富的想象，而无丰富生动的言语，就会使自己的想象永远停留在直观形象的水平上，而不能上升到抽象思维的水平上，所以“语言越丰富，想象越丰富”。丰富、敏锐、强烈的感情是想象的触发点。正是来自生活、来自内心的强烈的渴望才能驱动神奇的想象，所以“感情越丰富，想象越丰富”。

活动准备

1. 分组的准备：根据班级人数，将座位提前分成几个小组。每个小组以一个几何图形定义，如圆形、三角形、方形……在小组座位上放好标牌，并准备和小组人员相同数量的小图案。全班同学各自抽取一个几何图形，然后据此到各自的小组落座。

2. 桌上摆放好记录纸、画笔等。

3. 多媒体课件。

4. 每组一个兔子的图片，由老师在课堂上分发。

5. 课前选出三名同学担任裁判。

活动过程

一、 团体热身阶段： 几何图形的想象

1. 几何图形的想象

每个小组都有一个图形。虽然我不一定喜欢它，但是我就是遇上了。我们能把它想象成什么呢？想一想，说一说。（小组讨论、汇报）

2. 给小组命名

请在刚才想象出来的事物中挑选一个给自己所在小组命名。（小组讨论、汇报，教师把小组的代号书写或贴到黑板上）今天的每一个游戏和活动，都将以小组为单位作出评分，评分工作由评判组三名裁判完成。

3. 引出课题

大家都展开了丰富的想象，我们每个小组才能都有这么生动的名字。你瞧，这就是想象的魅力。今天我们讨论的主题就是——丰富的想象。（出示课件）

二、团体转换阶段：一片什么都像的云

1. 投影画面

（1）出示一个白色的圆形，请学生们猜猜这是什么东西的一部分。

（2）展示全图：原来是一片云。

（3）快速欣赏云幻化出的各种图形。请学生们快速想象，并诉说。

2. 教师点评

这是一片什么都像的云。天空中的云最自由，最活跃，最快乐。云要去旅游，大家想和它一起去吗？

三、团体工作阶段：“和云一起旅行”

1. 快速想象游戏

（1）云非常欢迎大家，可是它有个小游戏要考考大家，通过的同学才能和它一起去旅行。游戏的题目就叫——“十秒钟不重样”。

（2）教师伸出一根手指，倒数十秒，学生必须想象出老师所指的是什么。

接着依次是两根手指，三根手指……十根手指。

（想象的物品不能重复，每次都必须有自己的答案，而且要一边大声说出来，一边伸出一根手指）

（3）教师点评：看看自己共伸出了几根手指。

内心强烈的渴望能推动我们进行想象。感情越丰富，想象就越丰富。

2. “拆词造句”游戏

大家和云一起去旅行了。走啊走啊，云觉得有点无聊。它突然灵机一动，想做一个“拆词造句”的游戏。此时它见到许多又大又甜的西瓜，云便说：“西瓜——走到东走到西，瓜还是翠翠家的甜。”

（1）学生尝试“拆词造句”：“老年”、“泡面”。

（投影展示图片：一位老年人拎着一袋泡面）

学生发挥想象力，尝试“拆词造句”。

（2）分组讨论“拆词造句”的方法，然后全班交流。

（3）教师点评：有些同学对简单的词语展开了丰富的想象，而且能用一

个短短的句子，向我们展现一个生动的画面。这就是语言的魅力，所以语言越丰富，想象力就越丰富。

3. 声音想象游戏

云走啊走啊，来到了什么地方？让我们听听看。（教师播放录音，请学生仔细聆听，然后描述由声音想象到的场景）

大海浪花拍打，海鸟鸣叫声……

森林清风吹拂，小鸟呢喃声……

（1）（播放课件）有一声枪响，教师提问："发生了什么事?"请学生想象。

（2）教师点评：知识越丰富，想象力就越丰富。

4. 分小组想象作画

（1）教师分发小兔子的图片，并说明，原来刚才是猎人在举枪射击一只小兔子。幸亏，这只小兔子逃开了。瞧，现在它在我们的纸上，孤零零的，吓坏了。请大家展开自己的想象，拿起画笔，安慰它，给它温暖。

（2）小组内成员发挥想象力，共同画一幅画。

四、团体结束阶段：一幅画的启示

云又带着我们来到山上的一座古寺，让我们看看这里发生了什么。

1. 投影卡通故事

古代有位画家以"深山藏古寺"为题考三个学生的绘画能力。一个学生画了四面高山、悬崖峭壁，中间有座寺院；另外一个学生画了峰峦起伏、松柏挺立，并有古寺一角；唯有第三个学生未画山也未画寺……

（1）请各组同学想象一下，第三个学生画了什么？每组派一位代表发言。

（2）幻灯片展示故事结尾。

他画了数节石阶通向小溪，一个和尚在挑水，古寺藏而不露，反而更好地表达了诗句的意思。

2. 宣布小组比赛结果

评判组宣布各组的得分，各小组分享感受。

3. 教师小结

今天我们和这片“什么都像的云”进行了一次旅行。想象使我们的旅行充满了快乐，想象也给我们的生活增添了色彩，想象更让我们富有创造力。让我们爱想象、敢想象、会想象！

活动反思

本堂课用“一片什么都像的云”作为主线，打破了活动最初设计的给一个任务、解决一个任务的简单模式，使活动的流程具有了童话色彩，比较符合三年级小学生的年龄特点。

在具体活动的设计上，我安排了图形、文字、声音等方面的内容，比较全面。作为想象力训练模块的第一次活动，本堂课以鼓励为主，激发学生们想象的愿望。想象力的培养最终要靠平时一点一滴的积累，如果教师对小学三年级学生学过的语文、美术、音乐教材比较熟悉，能选择其中一些材料作为本课的素材，引发学生们的共鸣，则训练效果会更好。

（浙江省宁波市江东区实验小学　陆晓霞）

【活动参考资料】

有充分想象空间的作品才是上品

想象在艺术创作和欣赏中有十分重要的作用。在戏剧中，经常是“三五步走遍天下，七八个人代表百万雄师”。欣赏者需要通过想象来体验剧中的情节。在绘画中，中国画不仅追求形似，更追求神似，在“似”与“非似”之间，能给欣赏者以充分的想象空间的作品才是上品。传说宋代画院有一次考试，画题是“万绿丛中一点红”。许多人都在描红画绿，唯有一位画师独辟蹊径，他画了在绿荫掩映之处，一位美人凭栏而立。这位画师得了第一名。初看起来，有些奇怪。岂不知“万绿丛中一点红”是一句诗，它的下句是“动人春色不须多”。这位画师由“万绿丛中一点红”想到动人的春色，由动人的春色想到幸福的爱情，给人以想象的空间。作家老舍曾要画家齐白石作画，画题是“蛙声十里出山泉”。齐白石稍加思索，便欣然提笔。他没有去描绘逶迤的山谷和鸣叫的青蛙，而是画了一泓山泉从山涧喷流而出，泉水中夹杂有小蝌蚪顺流而下。这幅画给人以丰富的想象。

（张积家：《普通心理学》）

活动专题32 我能“想象添翅膀”（想象生动性）

【活动参考目标】

1. 了解与理解

（1）了解想象力贫乏是某些学生学习存在障碍的重要原因。

（2）了解想象力的生动性主要表现为脑子里构建出来的图像特征十分鲜明。

2. 尝试与学会

（1）尝试进行生动的“拓展式想象”。

（2）尝试进行生动的“推理式想象”。

3. 体验与感悟

（1）体验生动形象的想象所能带来的快乐。

（2）感悟知道的事情越多，想象的东西就越活灵活现。

【活动参考课例】

我的想象活灵活现

——我能“想象添翅膀”

活动理念

小学生处在想象力和创造力迅速发展的时期，加强对他们想象力生动性的培养，有利于对其学习潜能的进一步开发。

本节课旨在通过活动，使学生在获得快乐的同时，体会到每一次生动丰富的想象都是对生命意义的升华和对生命价值的体验。

活动准备

180 张不同形状的小纸片、30 支记号笔、10 把剪刀、10 卷双面胶，每组学生分发1 根塑料绳、1 叠报纸和1 张写着“智慧乐园”的图，座位按照T 形排列。

活动过程

一、 团体热身阶段： 从想象到现实

1. 出示孙悟空图片

（播放《西游记》插曲）提问：孙悟空最大的本领是什么？

学生：七十二变！它能拔一撮毫毛变出一群一模一样的小猴。

教师：真是太神奇了！吴承恩的想象力够丰富吧！今天想象已变为现实。

2. 课件展示

（克隆羊、跨海大桥、神舟飞船）这是第一只用克隆技术产生的羊——多利。克隆技术能帮助我们解决许多医学上的疑难问题。还有世界上最长的跨海大桥、神舟飞船……

教师点评：在人类文明的历史中，我们的祖先大胆想象，当今的科学家们大胆创造，才使我们的生活发生了翻天覆地的变化。

二、 团体转换阶段： 5 个会变的符号

想象力如此神奇。那我们就要学会大胆想象，动手创造，来试试吧！

1. “符号拼图” 示范

（1）请注意看，我给你们带来了5 个符号（课件出示）——

═══△OO（会闪烁）

这是两条直线、一个三角形和两个圆圈。它们都是符号，不能变成实物。你能否用这5个符号来拼成一个有意义的图形呢？请一起来画一画。

（2）学生在黑板上画并写上画的名称，如：

人脸  雪人 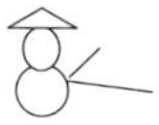

看看是不是把这5个符号都用上了？真棒！怎么想到的？谁愿意透露点秘诀？

（3）教师引导：学会观察，积累丰富的生活经验能帮助你提高想象力与创造力！你们得到什么启发了吗？除了这些作品，你还能拼出其他新颖、别致的图形吗？

2. “符号拼图”规则

（1）一张纸上画一个图案，每个图案都必须用上这5个符号。

（2）所画的图案要有名称，要让大家能看懂。

（3）同学之间不能互相讨论。

（4）音乐响起后开始画，音乐停止马上结束。

3. 尝试“符号拼图”

（1）学生拼图。

（2）展示作品，并对自己的图形作说明。例如，“我画的是一只溜冰鞋，我用三角形当鞋子，两条直线当鞋带，两个圆圈当滑轮”。又如，“我画的是一台小电扇，我用两个圆圈当电扇的‘头’，用两条直线当小电扇的扇子，用三角形当电扇的支架”，等等。

教师引导：能根据自己的拼图过程谈谈你拼图时，先想象到什么，然后又想象到什么吗？

学生回答。例如，“看到三角形，想象到冰淇淋的外形是三角形，然后加上圆和直线画出冰淇淋”。又如，“看到圆就想到眼镜，用圆表示眼镜片，加上三角形和两条直线表示镜框”，等等。

三、团体工作阶段：让想象变得更生动

1. 集体“符号拼图”

（1）使用刚才的5个符号，小组同学一起设计、剪裁、粘贴。

（2）由组长将小组的作品贴到“智慧乐园”中来，并介绍设计的意图。

如，“我们组共同设计的是一艘扬帆起航的船。你看它正雄赳赳气昂昂地行驶在大海上！我代表我们组全体成员祝愿大家的生活一帆风顺！”又如，“这是我们组设计的一条鱼。我们的鱼是由一颗颗绿色的爱心（纸片）拼成的。我们希望大家像鱼儿一样快乐自在，也希望大家都有一颗关心爱护大自然的心！”

（3）教师点评：5 个简简单单的符号，经过我们的努力，竟创造出了这么多意想不到的图画！真不简单！这些插上了想象翅膀的图画就给我们的生活增添了快乐！在生活中我们只要大胆想象，动手创造，也一定会发现意想不到的惊喜的！

2. 废纸变“宝”

（1）师：（拿出一沓废报纸）你能用它创造出惊喜吗？（学生答：能！）那就请大家从桌板下拿出报纸，动一动手来发挥你们的聪明才智！小组成员可以合作完成也可以单独完成。

（2）学生活动，教师巡视观察，播放背景音乐《种太阳》。

（3）学生展示作品并介绍。例如，“我们设计的这件衣服是防‘非典’的衣服，这两个口袋是多功能的，除了可以装东西之外，还有专门吸附‘非典’细菌的功能……这样我们就不怕‘非典’了！”又如，“我们设计的是多功能青蛙玩具，小朋友在玩得开心的同时，‘青蛙’也把地上的垃圾‘吃掉’了”，等等。

四、团体结束阶段：交流总结

1. 课件展示

同学们的创意真是不错！相信你们肯定会和他们一样有成功的一天！

（PPT 展示国内小学生“小发明”、“小创造”的典型事例）

2. 教师小结

想象力是智力活动的翅膀，是发明创造的先导，没有想象就很难创造。生动鲜活的想象能帮助我们改造社会、美化生活、创造未来！同学们，为了我们的生活更美好，请留心需要你想象的每一个角落，并尽力让你的想象更具体、更生动！

活动反思

在心育活动课中，我尽可能地为学生营造愉悦的氛围，让学生在快乐和不经意中调动自己的想象力，使自己得到一次又一次的惊喜！

上课伊始，我便以孙悟空的七十二变的本领引入话题，激发学生的兴趣。跨海大桥、神舟飞船的课件给学生带来了视觉上的冲击，让其体验到想象创造给生活带来的巨大变化。第一次符号拼图游戏，看似简单却能创造出意想不到的快乐。在充分展示个人魅力后，我让学生进行小组合作。学生有兴趣投入到这一活动中，而且创作的结果更是一种意想不到的美的享受。

最原汁原味的还是现实生活，“废纸变宝”这一活动让学生的想象更靠近现实。在这个活动中也出现了很多惊喜，学生们想象的生动性进一步得到提高。想象的细胞是需要挖掘的，有的学生做的作品表面上看虽然有点粗糙，但是解说词却都相当精妙，这又是一次想象力的锻炼。最后的小发明小创造的事例展示，更是让学生体验到只要我敢想敢做，我也行！这就是想象的魅力，想象的价值。

（浙江省宁波市宁海县实验小学教育集团实验校区　苏海未）

【活动参考资料】

想象的生动性直接影响写作质量

想象的生动性是指想象表象的清晰程度。青少年在写作过程中，想象的生动性体现得最明显。例如，描写大草原的风景时，他们可以凭借记忆表象，充分表现大草原的特色，如远山的形状，辽阔天空的颜色和漂浮的云朵，以及绿草、牛羊，等等。想象的清晰程度取决于所创造的新形象的特征，特征鲜明，想象就生动；相反，想象就模糊黯淡，而且表现出片断性，从而影响写作的顺利进行。由于人们改组记忆表象的水平不同，表现特征的鲜明性不同，所以相对的清晰程度就有差别。可见，想象的生动性直接影响写作活动的质量。

（卢志英：《展开想象的翅膀》）

活动专题33　我能“比喻又联想”（想象关联性）

【活动参考目标】

1. 了解与理解

（1）了解从一个事物联想到另一个事物，也可以创造出新的形象。

（2）了解借助比喻也可以发展想象力。

2. 尝试与学会

（1）尝试借助比喻进行“归属式想象”。

（2）尝试借助联想进行“并列式想象”。

（3）尝试借助比喻和联想进行“夸张式想象”。

3. 体验与感悟

（1）在自由联想中感受想象力的纵横驰骋。

（2）在巧用比喻中体验想象的妙趣横生。

【活动参考课例】

我是超级想象王

——我能“比喻又联想”

活动理念

想象力在儿童的思维中具有重要的作用。想象力越强，思维能力越强。有调查资料显示：想象力强的学生，学习成绩相对较好，联想丰富，对感兴趣的问题比较专注。而10岁左右是儿童想象力迅速发展和形成的时期，是小学生智力要素发展的第二个关键时期，学生思维能力的发展进入了一个高峰期。因此，在小学三年级开设想象力训练课非常必要。

本课就是要通过“比喻”、“联想”来拓展学生的想象思维，通过听声音、看图片等方式为学生提供丰富的想象素材和途径，在活动过程中激活他们的思维，进一步培养他们的想象力。

活动准备

音乐片段；PPT 课件；自制的道具、“超级想象王”小徽章等。

活动过程

一、 团体热身阶段： 猜猜里面是什么？

1. 出示道具盒子

今天老师给大家带来了一份小礼物。看一看，猜一猜，盒子里面会是什么东西呢？

2. 互动交流

教师对大胆发言的学生的答案作点评，逐渐形成开放愉悦的课堂氛围，为活动课的有效开展打好情感基石。

3. 教师点评

（出示盒子中要送给学生们的“超级想象王”小徽章）今天在我们这堂活动课中会产生很多的“超级想象王”，关键就要看小朋友们的想象神奇不神奇，精彩不精彩。（出示课题）

二、 团体转换阶段： 游戏搭台训练想象力

让我们先欣赏一位超级妈妈的厨房秀。

（师生一同观看 PPT“超级厨房”，并交流观看心得，感受这位妈妈的超级想象力）

教师点评：这真是一位拥有神奇想象力的超级妈妈，她巧妙地运用了各种水果和蔬菜的形状、颜色等特点，展开了丰富的想象，通过自己的动手制作，为我们带来了一次超级享受。今天我们也一起来试试自己是否能展开神奇想象，让自己也拥有超级魔力、超级想象力。

三、团体工作阶段：闯关游戏

1. 勇闯第一关——“思维转转转”

（1）教师板书并出示活动要求：每位同学都看一看，想一想，“○”好像什么？能打一个比方吗？能想出六种以上物品的同学，可以送给自己一个超级笑脸，看看哪位同学的想象力最丰富。

（2）学生一分钟自由想象，在作业单上写出“○好像是……”

（3）学生根据自己的想象成果送给自己一个“超级笑脸”。教师用发散性“思维导图”板书学生呈现出的想象点，将其归类为：吃的、玩的、用的、动物、植物、宇宙……

（4）教师点评：丰富的比喻和联想不但可以让我们从一个事物想到另一个事物，也可以创造很多新的形象和事物，非常有趣。

2. 勇闯第二关——“耳朵也来帮帮忙”

（1）教师出示活动要求：现在还要让我们的耳朵来帮帮忙，大家听一听，想一想，你看到了哪些事物或者哪个场景？能分享给大家的就送一个笑脸给你。

（2）学生闭上眼睛，听心灵音乐，自由遐想（一分钟）。

（3）互动交流：你看到了哪些事物或者哪个场景？

教师邀请想发言的学生：你能把你想象到的场景与同桌分享吗？（同桌互相交流，并奖励对方一个“超级笑脸”）

（4）教师点评：我们要学会欣赏和联想，在平时遇到一些事物、景色、场面或者大自然中不同的现象时，可以经常问问自己：“这看起来、听起来、尝起来、闻起来好像是什么？”这样你会感觉这个世界奇妙无穷。

3. 勇闯第三关——“天马行空编故事”

（1）录音小故事。

一个小伙子替人往集市送牛奶。他肩扛一桶牛奶走在路上时，就浮想联翩了：送牛奶赚的钱，可以买回鸡蛋，蛋可以孵成小鸡；鸡长大后，又可以生许多蛋，又能生出许多鸡；卖了鸡买回羊，小羊可以变成大羊，大羊又生许多小羊；再把羊卖掉，

买回小牛，小牛变成大牛，又可以产牛奶……

（2）小组交流：这个小伙子的想法有趣吗？为什么？

（3）出示图片，教师明确活动要求：仔细观察图片（一封信的图片），你能像文中的小伙子一样，天马行空地编出一个属于自己的精彩小故事吗？同桌可以合作，然后讲给大家听，合作成功就送给自己一个“超级笑脸”。

（4）想一想，编一编，同桌合作，教师巡视，适时点拨：这是一封什么信呢？又要送给谁？还会连续发生什么事呢？

（5）教师点评：用比喻和联想来进行想象真的很有趣，只要我们用心去思考，都可以由一个词联想到另一个词，或许还能一直地推演下去，编写出属于你自己的精彩故事。

4. 勇闯第四关——“罗汉叠叠看”

其实，想象还可以帮助我们提高记忆力，接下来的一个游戏更有趣，名字叫“罗汉叠叠看”。所有同学都闭上眼睛，按照老师讲的顺序把这些动物的名称记下来。

（1）尝试练习。

现在，请同学们闭上眼睛，我们想象眼前的地板上，趴着一只大海龟；海龟的背上，趴着一条大鲨鱼；鲨鱼的背上，趴着一条鳄鱼；鳄鱼的背上，站着一只威风凛凛的狮子……

就这样一只只动物叠上去，越叠越高，看看同学们是否能把想象中的这些图像一个不漏地记下来，并且能够以很快的速度重复一遍，仿佛眼前真的看到这些图像一般。

（2）学生快速交流，说出刚才教师提到了哪些动物。

（3）进行叠罗汉想象训练，能记住八种动物的名字就可以得到一个“超级笑脸”。

狮子背上，站着一只老虎；老虎背上，站着一头牛；牛背上站着一头猪；猪背上站着一只羊；羊背上站着一条狗；狗背上站着一只猫；猫背上站着一只老鼠；老鼠背上趴着一只螃蟹；螃蟹背上趴着一只虾；虾背上趴着一只蜜蜂；蜜蜂背上趴着一只苍蝇；苍蝇背上趴着一只蚊子；蚊子背上趴着一只蚂蚁；蚂蚁背上站着一只麻雀；麻雀背上站着一只百灵鸟……

（4）学生互动交流。

（5）游戏反馈：在本次活动中获得三个笑脸以上的学生，当堂发放“超级想象王”小徽章。

（6）教师点评：同学们，我们现在明白了如果联想迅速，不但有助于发展想象力，还可以帮助我们提高记忆的水平。

四、团体结束阶段：放飞想象

1. 想象改编卡通片

（1）出示《公鸡的故事》中首尾两幅图片，激发学生后续学习的兴趣。

（2）设置悬念：你能通过自己的想象把下面两幅图片连起来吗？能不能把它们改编成一个有趣的卡通故事呢？

2. 小组分享

师生自由交流，最后共同观看卡通片，了解故事情节。

3. 教师小结

今天，我们张开了想象的翅膀，快乐地飞翔了一番。希望大家下了课之后，也能运用今天学到的方法，不断提高自己的想象力，使自己成为一个更有智慧的人。

活动反思

这是一堂非常具有趣味性和操作性的发展性心育活动课。在活动过程中，教师为激发学生的充分想象，精心选择设计，为学生提供了不同层面、不同角度的可以展开想象的丰富素材和快乐情景。教师首先从视觉表象的联想入手，用“超级厨房”的一个 PPT 图片带领学生进入想象空间，引导学生明确，可以抓住事物的颜色、形状等特点从一个事物联想到另一个事物，以创造新的形象。第一关“思维转转转”，让学生尝试用“○”进行比喻和联想，感受自由联想中的纵横驰骋。第二关“耳朵也来帮帮忙”则让学生从听觉角度尝试“归属式想象”，引导学生在平时遇到一些事物、景色、场面或者大自然现象时，可以经常问问自己“这看起来、听起来、尝起来、闻起来像什么”？以丰富自己的想象力。第三关“天马行空编故事”则重点落在引导学生尝试“并列式想象”，即根据几种事物表象之间的相似性或关联性，由一个词汇联想到另一个词汇或事物，并能连续地推演下去的想象能力。第四关“罗汉叠叠看”是为了让学生明白，想象还可以帮助我们提高记忆力，具有一定的挑战性。最后，改编《公鸡的故事》则是为激发学生的后续学习兴趣，鼓励学生要在生活和学习中不断提高自己的想象力。

（浙江省宁波市新城第一实验学校　符亚文）

【活动参考资料】

比喻和联想是不同事物的黏合剂

想象力能帮助你找到一只梨和一只孔雀之间的隐喻关系，甚至会有一些更有趣的发现。

……

在联想的过程中，你将完全受自己无意识的控制。无意识乐于把你玩弄于股掌之间，还可能把你引到不合逻辑的思路上去。但你应该像忠实的求婚者一样，锲而不舍。如果想到的单词不恰当，就再试一个。在笔记本上，用横线把不同的单词连起来，这样，笔记本上会有很多词群，每个词群提示三个词之间的某种联系。

……

总之，做隐喻和写一个结构平衡的句子，就像要在悬置在跷跷板两端的物体之间保持平衡一样。丰富多变的隐喻能组织作品的思路，它就像能量、质量和光速一样，必须具备一个合理的等式所需的精确成分。

（雪莉·艾利斯：《开始写吧！——虚构文学创作》）

活动专题34　我能“边读边想象”（想象目的性）

【活动参考目标】

1. 了解与理解

（1）理解想象要有明确的目的，想象应该为学习和创造服务。

（2）懂得阅读与想象关系极为紧密，所以阅读和想象应该同步进行。

2. 尝试与学会

（1）尝试在阅读过程中进行“再造想象”。

（2）尝试在阅读过程中进行“有意想象”。

3. 体验与感悟

（1）体验“带着目的读书”和“带着目的想象”的有效性过程。

（2）感受学习过程中“顿悟”和“灵感”所带来的快乐。

【活动参考课例】

读“○”千遍，也不厌倦

——我能“边读边想象”

活动理念

想象是人在脑中凭借记忆所提供的材料进行加工，从而产生新的形象的心理过程。也就是人们将过去经验中已形成的一些暂时联系进行新的结合。

它是人类特有的对客观世界的一种反映形式。它能突破时间和空间的束缚，达到“思接千载”、“神通万里”的境域。但想象与现实之间没有明确的界限。小学1～3年级学生，想象力非常丰富。在他们的头脑中，现实与想象没有明确的界限。有时候，他们会由于想象与现实的模糊化，导致言语的“不合情理”。如果没考虑到儿童想象力发展的这种特征，孩子的这种行为经常会在成人眼中被当做“说谎”、“欺骗”。对此，教师要有充分的理解。而到了中高年级，小学生的想象力会得到很大的发展，这与他们的知识量的急剧增加是密不可分的。在这一时期，他们的想象已经开始蕴涵着创造性的内容，甚至有些学生已经初步表现出创造的才能。因此，如何正确引导学生进行有目的性的想象，让想象为学习任务服务，同时又能在学习活动中，不忘开发自己的想象力，就成了本课设计的主要意图。

活动准备

白色卡纸和印泥；水彩笔。

活动过程

一、团体热身阶段：猜一猜

今天，老师为大家带来了谜语，大家想猜猜吗？不过，要听清楚要求，等老师把题目读完，说“开始”，才能举手。

长耳朵，短尾巴。吃食三瓣嘴，走路蹦蹦跳。（谜底：兔子）

你是怎么猜出来的呢？（见到过，根据生活经验得出）

团结劳动是模范，全家住在格子间，常到花丛去工作，造出产品比糖甜。（谜底：蜜蜂）

你猜的依据是什么呢？（书本上学到过，根据旧的知识得出）

兄弟几个真和气，天天并肩坐一起。（谜底：手、石榴、香蕉……）

你们都是怎么想到的呢？

根据我们的生活经验、所见所闻和学过的知识进行想象。但是想象也要合理，有根据。咱们阅读时也需要伴随着想象。（出示题目：边读边想象）

二、团体转换阶段：画“圆”

1. 纸笔活动：画“圆”

学生动手，在白纸上画一个圆。

师：谁能告诉我，你画的是什么？都有哪些不同的答案？

六人小组讨论，把名称快速写在纸上。

2. 分享成果

（1）第一次交流：请一位学生代表，汇报小组的讨论结果。下一个小组，相同的内容略去不说，交流不同的内容。

（2）小组讨论：你们为什么能说出这么多的事物？你觉得你们能说得完吗？

（3）教师点评：光是一个圆，我们就能想到那么多的答案，这是为什么？

提示答案：那是我们的想象力在帮忙。（板书：想象）

三、团体工作阶段：猜“圆”与变“圆”

1. 猜“圆”：猜猜是谁跟“圆”在一起

（1）交流：孩子们，你们知道吗，这个“圆”，让不同的人来解读，想象的结果也不同。我们就来猜一猜，想一想，这些圆形的事物，都跟谁有关。

出示课件1：杯子、水果、球类、碗、弹珠、悠悠球、积木。（预设可能的答案：学生，小朋友）

出示课件2：操场、游泳池、批改作业的符号、粉笔。（预设可能的答案：老师）

出示课件3：细胞、无影灯、轮椅、针筒、药片、盐水瓶。（预设可能的答案：医生、护士）

出示课件4：子弹头、手铐、红绿灯、国徽。（预设可能的答案：警察）

出示课件5：卫星轨迹、原子、离子、地球、银河系、元素符号。（预设可能的答案：科学家）

（2）通过刚才的活动，你有什么收获？为什么根据不同的图片想象的结果会不一样？

（3）教师点评：想象可能会根据每个人的经验，发生各种各样的变化。

2. 想“圆”：想象真有用

（1）当你看到月亮的时候，你会想到什么？

学生小组交流。

出示课件：人类登上月球的图片。

（2）看到西瓜，你想到了什么？

学生自由交流。

教师引导：我想到了猪八戒。

播放动画片：《天上掉下个猪八戒》片断。

猪八戒这个形象就是《西游记》作者将猪的形象和人的形象结合起来，把猪的头和人的身体结合在一起，并赋予一定的人物性格而产生的。这样一种猪头人身，说着人话，具有人的思想感情的形象，在实际生活中不仅过去没有，现在、将来也不会有。

（3）教师点评：有意义的想象，改变了人们的生活，开拓了人们的视野，让许多不可能变成了现实。相反，没有知识基础，毫无科学根据，漫无边际的想象只能是毫无意义的空想。

四、团体结束阶段：读“圆”

1. 一个“圆”的多种读法

同学们，今天这节课，我们只是读了一个“圆”，但是，却读出了很多内容，你都看到了什么样的圆？

出示课件：

______________________________的“○”

那么，为什么一个简简单单的“圆”，你却读出了那么多的答案，说出了那么多的变化呢？（指定学生回答）

对，那是想象在帮助我们。你能夸一夸它吗？

出示课件：

______________________________的“想象”

2. 教师小结

同学们，边读边想象，能让一个简单的符号千变万化，能让一段优美的文字带来身临其境的感觉。希望大家运用想象力，让阅读变得更加生动有趣。因为有了想象，读你千遍，也不厌倦。

播放歌曲：《读你》。

活动反思

想象力是人类独有的才能，是人类智慧的源泉。在创造发明和探索新知识的过程中，想象力是一切希望和灵感的发源地。同时，想象力更是人的一种极为宝贵的智力品质。

但是，如何培养与发展学生的想象力呢？这是我从未接触过的领域。所以，我刚接到这个课题时，简直束手无策。如何通过一节课，让学生学会“边读边想象”，并能够在活动中，了解想象是有目的性的，这些着实让我费了一番脑筋。在查找资料的时候，一些想象类的小游戏吸引了我的注意。看到“圆”，你会想到什么？突然灵光一闪，脑中浮现出了本节课的设计思路：以“圆”为一条主线，贯穿整个课堂，通过“画圆”、“猜圆”、“变圆”、“读圆”等四个活动，让学生在游戏与活动中，不知不觉地感受想象力的奇妙，感受想象带给他们的惊喜。

其实，初步构思出大致的框架，自己还是有点小得意的，觉得设计十分巧妙，很有成就感。只是在课堂的操作过程中，才发现活动之间的衔接有些生硬。一些活动的提示和要求，有些模糊。如何使活动的内容更贴近学生的“起点”，从而帮助学生望得更远，想得更活，是我一直在思考的问题。

（浙江省嘉兴市南湖国际实验学校　李晓庆　姚　媛）

【活动参考资料】

想象的作用有时大于意志

在阅读的脑力劳动中，我们可能更经常地误入歧途。带着一些孩子气的想法，尝试靠意志力去挺直脊背、咬紧牙关，攥紧拳头，抱着不做就死的态度马上投身实验，是值得赞美的做法。但是，如果你把想象力投入到过程当中，而不是一开始就虚张声势，你会发现自己能更快地得到结果，而较少出现“反复”的情况。

这并不是要求你放弃意志。在一定的时间段和一定的情况下，只有凭借全部的意志力加以控制，才能取得成效。但是在我们的生活中想象力的作用要大得多，超出了我们习惯上承认的那样。任何一个老师都会告诉你，如果要引导一个孩子做出改变，想象力能发挥多么巨大的作用。

（多萝西娅·布兰德：《成为作家》）

想象是阅读的好伙伴

1. 阅读童话故事：《穿皮鞋的胖熊》。

自从胖熊阿黑学会像人那样走路以后，就想穿一双皮鞋。这一天，阿黑来到制鞋厂，要求师傅给他做一双最时髦的皮鞋。师傅满口答应。

不久，鞋就做好了，阿黑穿上了新皮鞋真神气呀！他走来走去，到处听得到“咔、咔、咔”的响声。

有一天，他走着走着，忽然发现脚尖上拱出一个小洞洞，洞洞里有一个圆圆的小脑袋在往外张望。阿黑觉得很奇怪，就把脚抬得高高的，冲着小洞洞问道："你是谁呀?"

小脑袋转了一转，回答说："我是你的脚趾头呀!"

阿黑又问："你为什么把我的皮鞋拱出一个小洞洞啊?"

脚趾头说："我窝在皮鞋里难受呀，又黑又闷，我都透不过气来了。"

胖熊阿黑没理他，继续"咔、咔、咔"地往前走。瞧，他多神气呀!

可是，没过几天，他发现皮鞋尖上又拱出了好几个小洞洞，所有的脚趾头都伸出了小脑袋张望着，还大口大口地喘气。

阿黑走路也变得一瘸一拐的。脚趾头胀得真难受啊!他索性把脚尖剪开一个大口子，让所有的脚趾头都露在外面——现在，阿黑穿的是一双"凉鞋"了。

脚趾头伸到外面大口大口地喘着气，还大声嚷着："好凉快呀，好舒服呀!"

胖熊阿黑穿着"凉鞋"走路，还是觉得脚很热、很胀。他一踢脚，甩掉了一只鞋，再一踢脚，又甩掉了另一只鞋。所有的脚趾头都高兴地嚷起来："好凉快呀，好舒服呀!"

现在，胖熊阿黑又光着脚走路了。

2. 请学生在小组内讨论情节，激发想象。

从哪些语句中可以看出胖熊很神气?

3. 指定1~2名学生，表演胖熊神气十足的样子。

点评：能用动作表现出胖熊神气的样子，把你心里想的都生动地表现出来了，真棒!

4. 分组讨论。

请学生在小组内发挥想象力，并讨论后来胖熊的鞋子会怎么样呢?

5. 以小组为单位，现场排练，续演胖熊阿黑的故事。

6. 教师小结。

你们想得真棒，想象真奇妙!想象真是阅读的好伙伴。你们不仅能把想到的事情表演出来，还能说出来，变成一个新的故事，想象真是一件有趣又快乐的事啊!

（浙江省杭州市西湖小学教育集团　徐雪萍）

活动专题 35

我能“想象真奇妙”（想象新颖性）

【活动参考目标】

1. 了解与理解

（1）了解想象能给创造发明提供自由翱翔的广阔空间。

（2）懂得想象越是超越常规，越是标新立异，越是别出心裁，得到的成果就越是新颖奇特。

2. 尝试与学会

（1）尝试尽可能新颖、奇特地“再造想象”。

（2）尝试初级层次的“创造想象”。

（3）尝试在日常生活中激活想象力并勤于动手，将创造想象转化为小小的创新成果。

3. 体验与感悟

（1）体验“创造想象”带来的兴奋与快乐。

（2）在创造性活动中增强自信心。

【活动参考课例】

奇妙的想象力

——我能“想象真奇妙”

活动理念

这是一堂发展性心育活动课。小学三年级是学生智力因素发展的关键时期。设计这堂课的目的，就是在这样的阶段通过训练来拓展学生的思维，增强学生想象的新颖性。在活动过程中，为促使学生想象得更“新”，必须为学生提供很多特别的素材和情境，包括从视觉表象的联想到由听觉引起的一些想象，再到某一个特殊情境的想象。在游戏活动中激活学生的想象潜能，能有效地推动他们的想象能力“日新月异”。

活动准备

学生课前通过书籍、网络等媒介了解南极；多媒体课件、七巧板等。

活动过程

一、 团体热身阶段： 请你为它起个名

1. 起名激趣

（1）出示桂林景点“象鼻山”图片。（下图）

这就是桂林的著名景点“象鼻山”。在很多风景点，人们根据山脉、岩石的形状通过想象给它们起了有趣的名字，吸引了无数中外游客。

（2）（出示PPT）你能为这个自然景点起个有趣的名字吗？

（3）学生交流。

生1：我给它起的名字是“仙人望海”，看上去像一个人在望着云海。

生2：我觉得是“巨蟒下山”，蛇都是像这样晚上出来的，上面长出来的那部分像蛇头，下面像蛇的尾巴。

生3：这是“石枪山”。

生4：还可以叫它“斧枪石”。

生5：我们组给它起名叫“马头山”。

生6：这是“黑银山”，因为其中一座山是黑色的，一座山是银色的。

生7：我们给它起名叫“台阶石”，因为它看上去很像台阶。

2. 揭示课题

同学们的想象都很有意思，这个景点在著名风景区黄山，目前是以“仙人晒靴”来命名的。事实上，生活中还有很多美丽、有趣的事物都是通过人们的观察、想象发现出来的，关键是你有没有学会运用奇妙的想象力。（出示课题）

二、 团体转换阶段： 想象纷呈

1. 看图片想象

（1）出示图片（如左图）。

想象无处不在，你们看，这里的几个人有着不同的动作、表情，请你仔细地观察，想一想：他们怎么了？发生了什么事？

（2）小组讨论，学生交流。

生1：王叔叔上班快迟到了，他一边看手表一边飞快地向公司跑去。

生2：我也选这一幅。今天是王叔叔儿子的生日，他下班时一边看表一边赶路，生怕赶不上儿子的生日晚宴。

生3：我说的是小强，小强考了100分非常高兴。

生4：一个大哥哥把小明最心爱的玩具抢走了，所以他站在那里哭。

生5：小明考试考得很差，被他妈妈骂了，所以哭了。

生6：我觉得小明是和妈妈出来玩，不小心跟妈妈走散了。

生7：王叔叔的妻子在医院里刚生了孩子，他急着赶去看儿子。

生8：我觉得小强是考试得了满分，妈妈带他到游乐场玩，他乐得合不拢嘴。

2. 听声音想象

刚才同学们的想象非常丰富，假如你什么景象也没有看到，只是听到声音，能展开想象吗？让我们来试一试。

（1）播放音频一（玻璃破碎的声音），让学生说说自己的想象。

生1：小明不小心把碗碰到地上，碗打碎了。

生2：小明家有个漂亮的花瓶，妈妈买了一束花，小明想把花插进花瓶，不小心把花瓶打碎了。妈妈骂了他几句，他就哭了起来。

生3：我觉得是夫妻俩吵架，把这些碗什么的砸在地上了。

生4：小明吃完一碗饭正想去盛第二碗的时候，一不小心踩上了弟弟乱扔的香蕉皮滑倒了，碗掉在地上打碎了。

（2）播放音频二（《春江花月夜》《英雄交响乐》片段）

接下来，我们一起来欣赏两段乐曲，请你静静地听，细细地体会，听着音乐，你想到了什么？眼前出现了什么情景？让我们闭上眼睛……

(3) 学生交流。

生1：我在听第一段音乐时，想到了乾隆皇帝下江南的时候看到一个女子在弹古筝。

生2：我想到的是战争时期，有一位丈夫要去打仗，他的妻子伤心地哭了。

生3：我听了第一段，觉得是三国时期诸葛亮在使用空城计的时候在城楼上所弹的曲子。

生4：我在听第二段音乐时，仿佛看到有一个国家打仗胜利了，一个人拿着国旗在城楼上挥舞。

生5：我在听第二段音乐时，仿佛看见在运动会开幕式上，很多人敲锣打鼓地走进了运动会的会场。

生6：我在听第二段音乐时，感觉好像是动画片里猫捉老鼠的片段。老鼠一直在前面紧张地跑着，猫在后面飞快地追着。到音乐停时，就好像老鼠撞到了墙上，猫就把它逮住了。

(4) 教师点评：看来想象与我们的生活密切相关，想象越是奇妙，我们的心灵就越能享受到生活的乐趣啊！

三、 团体工作阶段： 想象力大展台

想象还可以使我们眼中的世界变得更丰富多彩。下面，就让奇妙的想象力把我们带到神秘的南极吧。

1. 设计“南极考察站”

(1) 以课件出示情境，并提出问题：你能运用奇妙的想象力，为我国设计一个新的南极考察站吗？

(画外音) 南极气候非常寒冷，到处是冰山，也有可爱的动物，你们看，胖胖的小企鹅正在欢迎我们呢。美丽的南极光也令人神往。不过，给人印象最深的，还是一望无际的雪地。我国科学家已经多次去南极进行考察，还在南极建立了长城站、中山站两个考察站。这是南极点，至今还没有国家在这

里建造考察站。小朋友们，你能运用奇妙的想象力，为我们国家在南极点附近设计一个新的考察站吗？

对于考察站的外形、内部设施、功能你有什么新奇的想法，我们先在小组里交流讨论。

（2）小组讨论后，全班进行交流。

生1：我想建造一个像百货大楼一样的考察点，有三层，最高一层是住人的，中间一层是吃饭的，最下面一层是放仪器什么的。

生2：我觉得考察站应该是像冰山一样的，四周都布满冰。这样科学家看见有什么奇怪的动物，就可以悄悄地在旁边观察它，不会引起它的疑心。

生3：我觉得这个考察站应该用许多许多的冰来做，里面有许多冰做的灯，还有企鹅，因为考察队员一个人很孤独，他可以跟企鹅一起玩。

生4：我想在这里建造一个可以像火车一样开来开去的考察站，科学家想到哪里去考察，就可以开着“流动考察站”到哪里。

生5：我觉得考察站应该设计得低一点，高的话会被风吹倒的。

生6：我想建造一个铅笔形的考察站，假如你想到南极的哪个角落去，你按一下按钮，里面的铅芯就会弹出来把你送到那里；假如你想整个移动的话，也只要按一下按钮，它就会变成一架喷气式客机，快速地带你去其他地方；假如你想在空中考察的话，这架飞机还可以一直停留在空中。

生7：我想设计一个不明飞行物一样的考察站，它可以水陆空三用，可以在天上飞，也可以在雪地上开，还可以潜到海底去。

师：南极这样的气候，像你这样的设计确实是非常非常实用的。

生8：我觉得可以建一个像汉堡包一样的考察站，上面一层可以住人，中间一层是肉饼形状的可以用来做实验，最下面一层可以放粮食或者仪器。我把这个汉堡包形状的考察站建成彩色的，因为南极都是冰天雪地，如果也造成白色的话，不容易被识别。

师：同学们的想象真精彩！说不定，有一天，你们的想象真的会变成现实。

2. 七巧板竞赛

下面，我们就来进行一个想象力的竞赛。（出示七巧板）七巧板是我国古代的发明，一个正方形分成七块以后我们要重新进行组合，可以让它们变成很多有意思的图形。

（1）讲解竞赛规则：各组推选一名同学做裁判，哪位同学拼出一组图形就举手告诉裁判，并说出图形的意思。注意七块板都要用上。裁判进行记数，每拼出五种图形就为这个组在黑板上贴上一个大梨头，结束时不满五个图形的就贴上“梨宝宝”。（老师示范）重复的图形不再记数。铃声一响比赛就结束，我们比比哪组同学拼的图形多，想象最奇妙。

（2）竞赛开始。

每组裁判挂好裁判绶带，站到小组旁边。其他学生准备好七巧板。比赛开始，裁判进行记数，给各组在小组序号下面贴上大梨头或“梨宝宝”。

（3）评议：根据裁判所贴梨头的数量评议优胜组。

（4）请几个学生在黑板上展示七巧板图形。

请获胜组同学说说他们拼出了哪些图形——

鱼骨头、猫头鹰、桥、凯旋门、火炬、蒙古包、电话机、一个人和一条鱼……

请其他组的同学说说和他们拼出的不一样的图形——

树、喷气式飞机、轮船、宝塔、台灯、酒杯、房子、机器人……

（5）学生自我推荐，请五名同学到黑板上展示七巧板图形——

一个在走路的人、一盏宝莲灯、一只鸭子蹲在那里、一棵圣诞树、两幢会走路的房子。

这五位同学都介绍了自己的图形，你觉得谁的想象最奇妙？你们最喜欢哪一幅？要说说理由。

生1：我觉得第一幅拼得最好。因为它的体形很像小人，而且把人走路时两只脚交叉的样子也表现出来了。

生2：我最喜欢最后一幅——“会走路的小房子”。因为他的构思非常好，竟然想象房子会走路。

生3：我觉得第二幅“宝莲灯”拼得最好，虽然这个宝莲灯和电视上的不一样，但是非常有新意。

生4：我觉得第四幅“圣诞树”拼得也很棒。我们一般看到的松树都是上面小下面大，而他拼的图形是上面大，下面小。

还有谁觉得自己拼的图形比他们的图形更奇妙的？老师想再请五位同学到黑板上展示七巧板图形。（播放音乐）

五位同学逐个介绍——

我拼的是一只猫头鹰；我拼的是一架喷气式飞机；我拼的是凯旋门；我拼的是火箭，下面这个是火；我拼的是一幢建在船上的房子，船还在冒烟呢。

四、团体结束阶段：想象力伴随生活

1. 学生交流

说说上完了这节课，你有什么收获？

2. 教师小结

奇妙的想象力让我们变得更聪明，希望这样奇妙的想象力能一直陪伴着我们每个人的生活。

活动反思

这一堂发展性心育活动课为学生提供了很多想象的素材和情境，从视觉表象的联想到由听觉引起的一些想象，再到设计“南极考察站”这样一个情境的想象，最后，我设计了一个七巧板拼图竞赛，在游戏活动中激活学生的思维，培养他们的想象能力。从现场活动来看，这些环节起到了激活学生想象力的效果，学生的思维在活动中得到了发展。但是，在辅导过程中也有一些不尽如人意的地方，例如，课的开头给景点起名字这个环节，学生没有充分动起来，气氛不够热烈。另外，设计“南极考察站”这个活动对于三年级的学生来说，略微难了一点。由于三年级的学生对南极的了解不是很多，在一定程度上影响了想象力的发挥。这是因为想象力的拓展不能离开学生记忆中已经形成的表象，表象的形成又受他的阅历、生活经验、知识范围的限制，脱离了实际，就会出现想象不合理的现象。经过反思，我觉得如果能在几天前就布置学生多多收集关于南极的资料，主动去了解南极，就会降低设计的难度，使学生的想象更贴近生活。

（浙江省杭州市西湖小学教育集团　孙　飒）

【活动参考资料】

创造源于想象

想象中蕴涵着许多潜在可能性，其中有些符合客观规律，具有实现的可能性。这种符合客观规律的想象，就具有超前反映的功能。休谟说：“世上再没有东西比人的想象更为自由；它虽然不能超出内外感官提供的那些原始观念，可是它有无限的能力可以按照虚构和幻想的各种方式来混杂、组织、分割这些观念。它可以虚构一串事实，好像是实在的一般。”例如，未来社会是什么样子？人们可以用想象进行超前认知。想象的超前认知功能在日常生活中也十分常见。人在活动之前，总要想象活动的结果。“居安思危”、“未雨绸缪”、“不打无准备之仗”，都离不开想象。

一般说来，创造发源于想象。想象给创造提供了自由翱翔的空间。作家的人物塑造、建筑师的工程设计、工人的技术革新都离不开想象。想象在科学研究和科技发明中也有重要作用。想象往往导致科学假说的产生，而科学假说多半具有创造性，是迈向真理的必经之路。

爱因斯坦对想象的创造功能也推崇备至：“想象力比知识更重要，因为知识是有限的，而想象力概括着世界上的一切，推动着进步，并且是知识进化的源泉。严格地说，想象力是科学研究中的实在因素。”达尔文也指出：“想象力是人的最高特权之一。通过这一心理才能，它可以把过去的一切印象，一切意识连接在一起……而一经连接就可以产生种种绚丽而新奇的结果。”

（张积家：《普通心理学》）

活动专题 36

我能“力求不空想”（想象现实性）

【活动参考目标】

1. 了解与理解

（1）知道想象有积极和消极之分。

（2）理解幻想不等于空想，要鼓励大胆幻想，但又要防止沉湎于空想之中。

2. 尝试与学会

（1）尝试分辨积极的想象与消极的想象的区别。

（2）尝试针对“2012 世界末日”的传说或者北极冰山融化的假说，开展积极的想象。

3. 体验与感悟

（1）感悟积极的想象能够帮助自己战胜困难挫折，鼓励自己走出情绪的低谷。

（2）能够在积极想象的激励下，大胆幻想，大胆探索，并采取积极的行动。

【活动参考课例】

脚踏实地　放飞想象

——我能“力求不空想”

活动理念

想象是人在头脑中对已储存的表象进行加工改选形成新形象的心理过程。它是一种特殊的思维形式。想象与思维有着密切的联系，都属于高级的认知过程，它们都产生于问题的情景，由个体的需要所推动，并能预见未来。想象的形象受现实的制约，能真实地反映现实。儿童入学以后，想象的现实性逐渐提高，主要有以下表现：想象所反映的形象，越发接近现实事物；想象形象的特征数由少到多，结构配置由不合理到合理；从热衷于完全脱离现实的神话虚构，逐渐转向对现实生活的幻想。

本次活动针对小学三年级学生的想象容易脱离现实的特点，旨在引导学生对想象中的事物加以审视，以防他们陷入不切实际的空想。

活动准备

图片、资料；多媒体课件。

活动过程

一、团体热身阶段：佳境天成

1. 观察一组图片（御笔峰、天女散花等景点）

想象说话：这些景物像什么？

2. 听贝多芬《月光曲》

想象说话：你仿佛看到了什么？做了些什么？

教师小结：现实生活是我们想象的源泉。

二、团体转换阶段：月亮的传说

1. 听录音故事：《月亮的传说》

传说人间有一个美丽的女子叫嫦娥，她偷了丈夫后羿的不死仙丹，飞奔到了月宫里。奔月后，嫦娥住的月宫其实是一个寂寞的地方，除了一棵月桂树和一只兔子，就别无他物。

还有人传说月亮里有一棵高五百丈的月桂树。汉朝时有个叫吴刚的人，醉心于仙道而不专心学习，被贬到月亮里砍月桂，但月亮中的月桂随砍随合，砍伐不尽，因而后世的人得以见到吴刚在月中无休无止砍伐月桂的形象。

古人这样的想象反映了什么？

教师点评：现实里不能满足的事情，我们可以通过想象来弥补。

2. 分组讨论

你有过哪些美好的愿望呢？对实现自己愿望又有过哪些想象呢？

（学生可能的回答：小提琴家、乒乓球冠军、节目主持人、画家……）

3. 教师点评

任何想象都是超越现实，但又不能完全脱离现实的。如果完全脱离了现实可能性，就是一种空想。

三、 团体工作阶段： 我的想象不离谱

1. “《后天》自救”有启示

（1）播放电影《后天》片段。

当千年极寒迅速蔓延至图书馆，被困于房间的人们该怎么做呢？假如你是其中一员，你想象会发生什么事情，如何进行自救？

（2）学生分小组讨论交流。

（3）播放《后天》中人们进行自救的片段，并让学生说说自己的感受。

2. 危机情境有对策

（1）刚才大家看到的只是一部电影，情节是虚构出来的。但现在全球气候变暖，北极冰山融化却是不争的事实。（投影出示北极冰山融化的后果）

（2）教师提问：作为地球中的一员，你能不能根据现实，想象出合理的应对措施？

（3）学生分小组讨论交流并反馈。

（4）针对学生的答案，教师引导：如果我们进行积极的想象，一旦遇到困难，办法总是有的；而如果我们只是妄想或不切实际空想，问题反而得不到解决。

3. 想象绘画常练习

（1）出示题目：未来将会有各种品牌的汽车，它们都是利用太阳能、风能等发动的，既节能又环保。请你想象一下，未来的汽车是什么样的？

（2）把想象到的未来汽车的形状简单画下来。

（3）展示交流。

（4）教师点评：想象创造未来。

四、团体结束阶段：放飞想象看未来

1. 牛顿的故事

故事梗概：牛顿躺在苹果树下休息。突然从树上掉下一只苹果，牛顿由此产生发散性思维，最终发现了地球万有引力。

你还知道哪些科学家的故事？

教师点评：你看这些科学家都有着非凡的想象力，但他们的想象又不脱离现实，所以最终在自己的研究领域取得了骄人的成绩。

2. 观察并想象

看到下面这幅图，你想到了什么样的“未来世界”？

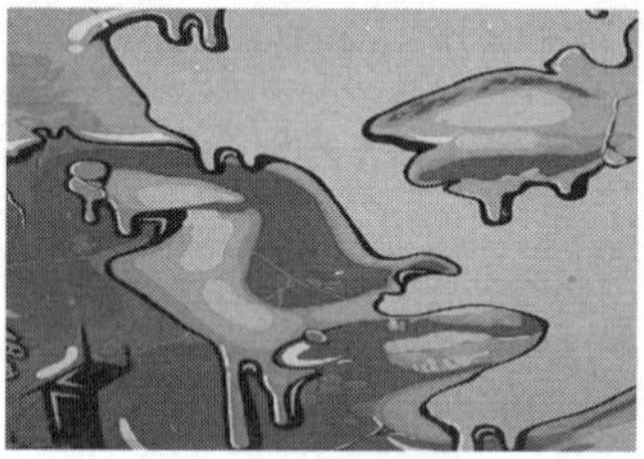

3. 教师小结

想象离不开现实，但同时又要尽可能大胆创新。让我们依托现实，大胆地去想象吧！

活动反思

想象的现实性随着学生年龄的增长逐渐提高，这跟学生知识的积累和阅历的增加是分不开的。整堂课上下来感觉三年级学生对基于现实的想象有了很强的能力，想象丰富而又奇特，想象的结构也显得比较合理，与现实能建立起多元的独特联系。同时，我也发现现实里蕴涵着学生许多美好的愿望，而这些美好的愿望需要在实践中不断地去认识和接受考验，这在最后的实践环节——画汽车里得到了充分的展示。在本课教学中还有一点值得思考，那就是如何引导学生的创造性想象。三年级学生的想象力已经到了一定水平，如何依托现实，引导学生对大自然进行观察，激发学生的想象，让学生获得创造的灵感，美化现实的生活，这些将是我未来要重点考虑的。

（浙江省嘉兴南湖国际实验学校　许雪峰　陈海燕）
浙江省杭州市西湖小学教育集团　陈丽亚）

【活动参考资料】

幻想与空想的区别

想象的现实性是指想象与现实相符合的程度来说的。任何想象总是超越现实、但又不能绝对摆脱现实。不仅再造想象、创造想象是如此，就是幻想，甚至于那些荒诞无稽的想象也莫不如此。例如，关于北极风光、南极景色的想象，就一定是以对北极、南极的现实描述为基础构成的；美人鱼的形象，就是由鱼身、女人头等已有表象重新组合而构成的。

想象现实性的个别差异表现在：有的人想象与现实的关系若即若离，可望而又可即；有的人想象与现实的关系完全脱节，可望而不可即。前者表现为幻想，后者表现为空想。一个富有幻想的人，他的想象虽然跑在了现实的前头，但却是经过一定的努力可以追到、可以实现的。这种人也不沉湎于自己的幻想，而是会力求去实现它。实践证明，这样的幻想常常会成为人们事业上的巨大推动力，是人们的一种极其可贵的品质。一个喜欢空想的人则不然，他们的想象远远跑在了现实的前头，根本无法追及，无法实现。这种人常常沉湎于与空想之中，从来不打算去实现它。实践证明，这样的空想只能给事业带来巨大的危害，把人培养成为空想家、吹牛家。

（燕国材：《新编普通心理学概论》）

消极的空想是一种个性缺陷

在某种情况下人暂时沉湎于空想的、远离现实的表象内，为的是在那里躲避他无法解决的问题，躲避采取行动的必要性，躲避艰难的生活条件以及自己错误的后果，等等。果戈理塑造了马尼洛夫的形象，概括地勾画出那些痴心妄想地寻求逃避的人们。在这种情况下，想象创造出无需付诸实现的形象，拟定出无需实行而且往往不能实行的行为计划。这种形式的想象称之为消极想象。

人能有意地唤起消极想象，这种有意唤起的、但与把他们付诸实现的意志毫无联系的想象形象叫做空想。空想某种愉快的、美好的、诱人的事物是人人都有过的。在空想中容易表露出想象产物与需要的联系。但是，如果在人的想象中空想占据了主要地位，那就会成为个性发展的一种缺陷，它证明个性具有消极性。如果一个人很消极，如果他不为美好的未来奋斗而他的现实生活又很困难，毫无乐趣，那么，他就为自己创造了一种空想的、杜撰的生活，在这种生活中他的需要似乎会完全得到满足，对他来说似乎一切都很成功，他似乎占有现在实际生活中无法指望的地位。

（彼得罗夫斯基：《普通心理学》）

后　记

《班主任心育活动设计36例（小学1~3年级卷）》终于杀青了。

回顾这几个月，实在是感慨万千！其工作难度之大，完全超出了我的预想。正如我在总序中所说的，由于这些年来，在心育活动课的主题选择上，有一些学生发展的实际需要和学校面临的实际问题被严重地淡化，甚至忽略了，因此，收入本书中的心育活动课例，有一半以上的专题都属于全新的构想与设置。也就是说，在以往十几年的心育活动课中，这些专题从来没有被提及过，没有先例可循，没有成文的活动设计可供参考。所以，我特地邀请了一些有志于探索发展性心育活动课规律的学校领导和老师来做这样一件应该说是具有“开创性”的工作，从头开始，从零开始。

特别感谢浙江省嘉兴市南湖国际实验学校的领导和有关的几十位老师；特别感谢杭州市西湖教育集团的领导和有关的几十位老师；特别感谢宁波市江东区教研室的领导、教研员和他们组织的十几名骨干心理教师。由于这三个单位的领导亲自挂帅、具体组织、认真督促和严格把关，才使得这些新开辟的活动专题几经周折终于圆满地呈现在我们的面前。令我深受感动的是，这些学校的老师们所设计的绝大多数活动方案，都在学生中多次试教，接受实践的检验，并多次进行反思和修改。他们以认真负责的态度，践行了积极心理学中的“性格力量”和“美德标准”。

参与本丛书心育活动设计的作者，分布于全国各地中小学，其中以浙江省内的教师居多。这290多位作者当中，绝大多数与我有过各种接触，他们开出的心育活动课，或者是我去听过、点评过的，或者是我直接参与了设计方案的修改、指导工作。在这个过程中，我与他们当中的很多人成了好朋友、忘年交。应该说，这套丛书的出版，凝聚着这样一支学校心育骨干团队的集体智慧和心血汗水，我对他们的辛勤工作充满敬意和无尽的感激！

特别是本丛书在出版过程中遇到了一些运作技术上的具体困难，致使原来设想的“一题多案”的架构难以实现，而被迫“瘦身”，执行“一题一案”的新架构。这样，就要忍痛割爱数十篇设计，只保留了这些设计中的部分“倩影”和作者的姓名。这件事让我很矛盾、很纠结，几个夜晚都难以入睡，苦苦思索解决问题的可行途径。我内心对这些作者充满了歉疚，但是当我向部分作者谈起这个难以两全的苦恼问题时，却得到了这些一线老师的理解和宽容。为了成全我们共同的梦想，他们收起了心中的遗憾，没有半句抱怨，这使我再次涌上一种难以言表的感恩之情，并将这种感恩深藏心底。

在这里，我以满怀敬仰的心情，衷心感谢我国著名的心理学家、国际心理科学联合会副主席、中国心理学会原理事长、中国科学院心理研究所原所长、教授、博士生导师张侃先生。他在繁忙的学术研究与公务当中，抽时间亲自为本丛书写了推荐序，这是对我们中小学心理健康教育工作的极大关怀，也是对我们中小学心理教师坚持开好心育活动课的极大鼓舞！

本丛书在编写过程中，得到了各地教育行政部门、科研部门、基层学校的诸多领导、同行的大力支持，在此也要向他们致以崇高的敬意和衷心的感谢。

本丛书能顺利付梓，还要特别感谢源创图书策划人吴法源先生，没有他的远见、创意、魄力和督促、包容，本丛书或许还只是笔者脑子里盘旋的几个概念与符号。

由于成书时间仓促，加之本人的水平有限，书中的谬误、缺憾都在所难免，诚恳地期待各位专家、同道的批评指正。

钟志农

2011 年 11 月 15 日于钱塘江畔

参考书目

[1] 狄维士. 美国的故事——健全人格的24种要素 [M]. 吴刚, 译. 上海: 上海人民出版社, 2002.

[2] 国际教育基金会. 培养心情与人格: 人生基本目标教育 [M]. 北京: 北京大学出版社, 2005.

[3] Hotchkiss. 自恋 [M]. 蒋晓鸣, 译. 北京: 中国轻工业出版社, 2009.

[4] 劳特, 施洛特克. 儿童注意力训练手册 [M]. 杨文丽, 叶静月, 译. 成都: 四川大学出版社, 2006.

[5] 里克纳. 美式家庭: 品质教育家长对策 [M]. 喻佑斌, 罗文盛, 译, 海口: 海南出版社, 2001.

[6] 刘易斯. 榜样: 青少年品格塑造指南 [M]. 西安: 陕西师范大学出版社, 2010.

[7] 卢志英, 姚德立, 李珂玲. 展开想象的翅膀 [M]. 天津: 百花文艺出版社, 2000.

[8] 麦加菲. 麦加菲美国学生美德读本 [M]. 张丽雪, 等, 译. 北京: 中国发展出版社, 2002.

[9] 毛光民, 毛富强. 观察是起点 [M]. 天津: 百花文艺出版社, 2000.

[10] 苏霍姆林斯基. 怎样培养真正的人 [M]. 蔡汀, 译, 北京: 教育科学出版社, 1992.

[11] 谢弗. 社会学与生活 [M]. 刘鹤群, 等, 译. 北京: 世界图书出版公司北京公司, 2009.

[12] 燕国材. 智力因素与学习 [M]. 北京: 教育科学出版社, 2002.

[13] 阳志平, 等. 积极心理学团体活动课操作指南 [M]. 北京: 机械工业出版社, 2010.

[14] 俞汝捷. 人心28论 [M]. 北京: 中国青年出版社, 2009.

[15] 张春莉, 等. 学会思维: 青少年思维训练指南 [M]. 北京: 中央编译出版社, 2004.

[16] 张积家. 普通心理学 [M]. 广州: 广东高等教育出版社, 2008.

[17] 张文新. 儿童社会性发展 [M]. 北京: 北京师范大学出版社, 1999.

[18] 钟志农. 心理健康教育课教师指导手册 (小学分册) [M]. 杭州: 浙江科学技术出版社, 2002.

[19] 周宗奎. 儿童社会化 [M]. 武汉: 湖北少年儿童出版社, 1995.

出 版 人　所广一
责任编辑　池春燕
装帧设计　未了工作室
责任校对　曲凤岭
责任印制　叶小峰

图书在版编目（CIP）数据

班主任心育活动设计 36 例. 小学1～3年级卷 / 钟志农主编. —北京：教育科学出版社，2012.1（2023.1 重印）
（班主任心育活动设计丛书）
ISBN 978－7－5041－6238－0

Ⅰ. ①班…　Ⅱ. ①钟…　Ⅲ. ①心理健康—健康教育—课程设计—小学　Ⅳ. ①G479

中国版本图书馆 CIP 数据核字（2011）第 273876 号

班主任心育活动设计丛书
班主任心育活动设计36例（小学1～3年级卷）
BANZHUREN XINYU HUODONG SHEJI 36 LI

出版发行	教育科学出版社		
社　　址	北京·朝阳区安慧北里安园甲 9 号	邮　　编	100101
总编室电话	010－64981290	编辑部电话	010－64989441
出版部电话	010－64989487	市场部电话	010－64989009
传　　真	010－64891796	网　　址	http://www.esph.com.cn

经　　销	各地新华书店		
印　　刷	运河（唐山）印务有限公司		
开　　本	720 毫米 × 1020 毫米　1/16	版　　次	2012 年 1 月第 1 版
印　　张	15.75	印　　次	2023 年 1 月第 14 次印刷
字　　数	245 千	定　　价	49.80 元

图书出现印装质量问题，本社负责调换。